브랜드
마케터로
일하고
있습니다

일러두기
이 책에 소개된 다양한 사례는 관련 도서와 언론기사 등을 참고해 재구성한 것입니다. 책을 출간하는 과정에서 관련 내용에 대해 사실 관계 확인을 위해 개인과 회사에 여러 차례 요청을 드렸으나 몇몇 분들께는 답변을 얻지 못했습니다. 이후에라도 관련 내용에 대한 수정 요청이 있으면 다음 인쇄시 수정하도록 하겠습니다.

브랜드 마케터로 일하고 있습니다

레드펭귄
지음

더 나은
브랜드를
만들어 가는

마케터들의
이야기

머리말

    '골드넥스'는 가장 우리다운 방식으로 브랜드의 색을 입혀 세상을 다채롭게 하는 마케팅 컨설턴시입니다. 현재는 마케팅에 이어 유통, 브랜딩, 콘텐츠 제작 등 다양한 분야로 영역을 넓혀가고 있습니다. 그리고 '레드펭귄'은 골드넥스를 대표하는 마케팅 브랜드이며, 동시에 골드넥스의 구성원 한 명 한 명을 상징하기도 합니다. 레드펭귄은 소비자들에게 즐겁고 유쾌한 브랜드 경험을 선사하고, 그 경험 자체가 다시 브랜드가 될 수 있도록 한 걸음씩 나아가고 있습니다. 《브랜드 마케터로 일하고 있습니다》 출간 프로젝트 역시 그 걸음 중 하나입니다.

    우리가 알리려고 하는 '브랜드'란 과연 무엇일까요? 저는 '이름을 가진 모든 것'이라고 정의하고 싶습니다. 이름에는 제품과 서비스를 뛰어넘은 모든 가치가 담겨 있기 때문입니다. 사람의 이름 또한 부모와 가족들의 간절한 염원이 담겨 있습니다. 그렇기 때문에 우리들 개개인도 충분히 하나의 브랜드가 될 수 있습니다.

    이 책은 우리의 이름에 대한 가치처럼 제품과 서비스 속에 담긴 가치를 찾는 브랜딩 실무자들의 경험을 담고 있습니다. 우리는 그동안 함께 작업했던 고객사의 실무자들과 만나 그들이 생각하는 브랜드에 대한 진솔한 이야기를 들으며 업무를 할 때 느낄 수 없었던 또 다른 새로움을 발견했습니다. 그리고 우리가 발견한 새로움을 더 많은 사람들과 나누고 싶었습니다. 기존의 마케팅과 혼재된 브랜딩을 하고 있었던 마케팅팀, 혹은 선임도 없고 팀도 없고 심지어 마케터도 없는 작은 회사라면 이 책에서 만날 수 있는 다양한 브랜드 실무자들의 경험과 단계별로 정리된 브랜딩의 과정이 더없이 새롭고 반가울 것입니다.

브랜딩이란 제품과 서비스에 '가치'를 담아가는 과정입니다. 브랜드의 가치를 크게 두 가지로 설명한다면 첫 번째는 '쓸모'입니다. 가방은 물건을 담는 용도로 쓰입니다. 물건의 크기에 따라 가방의 크기도 달라집니다. 하지만 가치를 쓸모만 가지고 이야기할 수는 없습니다. 그렇다면 샤넬과 구찌, 에르메스 같은 명품백의 가치를 설명할 길이 없어집니다. 이 가방들은 물건을 담는 용도, 그 이상의 가치를 지니고 있기 때문입니다. 그렇다면 이 가치들은 어떻게 설명할 수 있을까요? 이것이 브랜드의 두 번째 가치인 인간의 '욕구'이고 '욕망'입니다. 명품백은 물건을 담는 쓸모를 넘어 인간의 욕망을 채워줍니다. 사랑받고 싶은 욕구, 헌신하고 싶은 욕구, 평생을 함께하고 싶은 사랑이라는 욕구를 채워줍니다. 그래서 명품백은 높은 가격을 받을 수 있는 겁니다. 제품과 서비스를 적당한 값을 받고 판매하는 마케팅 능력은 어떤 회사에서도 반드시 필요한 역량입니다. 그러나 회사가 성장하기 위해서는 이러한 마케팅 역량 외에 제품과 서비스에 '가치'를 더하는 브랜딩 작업을 소홀히 해서는 안 됩니다.

브랜딩은 어렵습니다. 하지만 한편으로는 한없이 쉬울 수도 있습니다. 자신의 제품과 서비스가 가진 차별화 요소를 발견하고 이를 어떠한 방식으로 풀어내느냐가 쉬움과 어려움의 차이를 만들어 냅니다. 이 책은 특히 브랜딩 작업에 대해 어려움을 느끼고 있는 사람들을 위해 기획되었습니다. 이 책에 소개된 브랜딩의 과정을 통해 실무자들의 고민과 나름의 방법론을 찾을 수 있도록 최선의 노력을 다했습니다. 독자들이 브랜딩의 과정을 간접경험하며 자신들만의 가치를 발견하고, 아울러 부록의 'Branding Step'을 통해 브랜딩의 전 과정을 스스로 정리해 보며 오롯이 본인의 가치를 만들어 보기를 바랍니다.

저희는 이 책이 '쓸모'를 넘어 여러분의 성장을 위한 '욕구'와 '욕망'을 충분히 만족시킬 수 있기를 원합니다. 이 책 역시 가치를 가진 하나의 브랜드로서 책 속의 지식과 정보의 인사이트가 여러분의 니즈를 만나 또 하나의 멋진 휴먼 브랜드를 만들어 낼 수 있기를 진심으로 기원합니다.

㈜골드넥스 대표이사 김성모

레드펭귄 마케터 | 남진현(Sales & Marketing 사업부)

———

레드펭귄의 첫 책《디지털 마케터로 일하고 있습니다》를 출간하고 2년이 지났습니다. 당시 여러 분야의 마케터들을 한 명 한 명 만나 이야기를 풀어냈던 경험이 자양분이 되어 저를 더욱 성장하게 해주었습니다. 그리고 그때 경험의 강렬함이 흐려질 즈음 두 번째 책《브랜드 마케터로 일하고 있습니다》의 작업을 다시 하게 되었습니다. 마케터의 관점을 벗어나 브랜드를 만들어 가는 사람들의 이야기, 그들의 숱한 고민과 이야기를 엮어 하나의 브랜드로 만들어지는 과정을 담아내고 싶었습니다.

다양한 브랜드 담당자들을 만나며 이미 브랜드 그 자체로 움직이는 사람들의 라이프 스타일과 브랜드 마케터의 라이프 스타일이 참 많이 닮아 있다는 것을 느꼈습니다. 인터뷰를 하는 동안 새로운 도시를 만나는 듯 신기하고 시야를 넓힐 수 있는 시간을 가질 수 있었습니다.

이 책은 사람과 사람 간의 이야기, 사람과 브랜드 간의 이야기를 담았습니다. 그들의 이야기를 통해 다양한 인사이트를 얻기를 바랍니다. 브랜드를 '만드는' 사람들 그리고 브랜드를 '좋아하는' 사람들이 브랜드들과 대화하듯 재미있게 읽으면 좋겠습니다.

레드펭귄 마케터 │ 강나율(Planning 사업부 브랜드사업팀)

———

'브랜딩은 A이고, 마케팅은 B지!'라고 명쾌하게 결론지을 수 있으면 좋으련만, 이 업은 참으로 어렵고 모호합니다. 귀에 걸면 귀걸이고 코에 걸면 코걸이인 것 같다가도 가끔은 전혀 예상치 못한 다른 모습이 되기도 하니까요. 이 책은 '그럼에도 우리가 레드펭귄으로서 브랜딩에 대한 하나의 지침을 만들 수 있다면 어떻게 정리할 수 있을까?'라는 물음에 대한 대답이며, 또 스스로에게 되물어 보는 과정입니다.

《브랜드 마케터로 일하고 있습니다》를 기획하기에 앞서 파자(破字) 놀이를 하듯 브랜드를 수많은 요소로 쪼개고 이를 다시 조립해 보는 시간을 가졌습니다. 처음엔 잘못 쌓은 레고처럼 어색했던 부분들이 다양한 브랜드와 그 브랜드를 만들어 가는 사람들의 이야기를 통해 조금씩 다듬어졌고, 이 책에서 분류한 8가지로 정리되었을 때 비로소 하나의 브랜드가 완성되는 모습을 그려 볼 수 있었습니다.

이 책이 정답지가 아닐지라도 한 번쯤 "우리도 한 번 브랜딩을 해 보자!"라던가 "마케팅을 해서 매출 좀 올려보자!"와 같은 말을 들어 보셨을 여러분과 함께 고민을 나눌 수 있기를, 브랜드의 방향을 잃은 순간 펼쳐 들 수 있는 지침서가 될 수 있기를 희망합니다.

레드펭귄 마케터 | 박수빈(Planning 사업부 브랜드사업팀)

우리가 살아가며 무언가를 이해하고, 또 알아가기 위해 '충분한' 고민의 시간을 '제대로' 가져본 적이 얼마나 있을까요? 다양한 브랜드의 마케터들을 만난 후에 들었던 이 물음은 꽤 오랜 시간 동안 제 머릿속을 떠나지 않았습니다. 1인 브랜딩이 익숙한 시대를 살아가면서도 저는 저에 대해서조차 충분한 시간을 가지고 제대로 된 고민을 해본 적이 별로 없었으니까요.

충분한 시간과 제대로 된 고민이란 것이 주관적일 수 있겠지만 제가 본 그들의 모습, 브랜드를 세상과 가깝게 만들기 위해 본질에 대한 물음과 그 답을 찾아 나아가는 마케터들의 모습은 '충분히 제대로'였습니다.

《브랜드 마케터로 일하고 있습니다》라는 책을 통해 브랜드 마케터들이 지나온 시간을 함께 경험해 보면서 각자만의 새로운 물음이 떠오르면 좋겠습니다. 그리고 저와 같이 그 물음이 머릿속에 오랜 시간 머무르기를, 그 물음을 마음속에 이정표로 삼아 우리 모두 '충분한' 고민의 시간을 '제대로' 경험해 보기를 바랍니다.

Contents

프롤로그

당신은 마케터다. 혹은 브랜드 매니저다. 회사는 당신에 대한 기대가 크다. 시장에 대한 명확한 이해를 토대로 선명한 브랜드 컨셉을 도출하길 기대한다. 브랜드 네이밍, 마케팅 전략 도출, 스토리텔링은 기본이다. 요즘은 유행을 넘어 필수가 된 브랜드 경험은 또 어떤가. 매출이 정체된 브랜드를 리브랜딩으로 살려내라는 요구도 들을 수 있다. 이젠 대세가 된 온라인 브랜딩은 또 어떤가. 머리가 아프다. 마케터는 좋든 싫은 이 모든 브랜딩 과정의 리더가 되어야 한다. 회사의 운명이 마케터의 손에 달린 것이다.

이 책은 그런 이들을 위해 쓰여졌다. 8개의 챕터는 각각 브랜딩 프로세스에 관한 핵심적인 내용을 담고 있다. 먼저 시장의 변화를 다룬다. 유행과 트렌드, 시대정신의 차이를 설명하고 이러한 변화에 대응해 성공을 거둔 브랜드의 사례를 소개한다.

블랭크는 변화무쌍한 트렌드의 변화를 시장과 소비자의 필요에서 찾았다. 그리고 이에 대응하는 제품들을 적절한 시기에 세련된 방법으로 전달하는데 성공한 브랜드다. **올리브영**도 마찬가지다. '세상 모든 루틴'이라는 선명한 컨셉을 도출한 후 이를 카피와 매장의 구성에까지 적용시켜 독보적인 H&B Health & Beauty 브랜드가 되었다. 그들의 브랜드 컨셉휠에는 **올리브영**이 추구하는 가치들이 선명하게 드러나 있다.

네이밍도 빼놓을 수 없는 요소다. **CJ온스타일**은 시대와 시장의 변화에 맞춰 검증된 그들의 이름을 아예 바꿔버렸다. 홈쇼핑과 같은, 어느 한순간의 성공에 멈춰 있지 않겠다는 의지와 각오의 산물인 셈이다. **LF몰**은 어떤가. 라이브 커머스와 같은 채널의 변화에 적응하기 위해 그들은 투 트랩의 전략을 활용했다. 대기업의 장점을 살리면서도 스몰 브랜드들이 가진 장점을 흡수하기 위해 다양한 브랜딩 전략을 구사한다. 다양한 스핀오프 브랜드의 런칭도 이와 같은 전략에 기인한 것이다. 하지만 이 모든 전략의 시작이 소비자들의, 더 정확하게는 브랜드 리더의 지갑에서 시작되었다는 점은 곱씹어 생각할 가치가 있는 대목이다.

한국후지필름, 그리고 **인스탁스**는 '소소일작'이라는 매력적인 프로모션을 통해 브랜드 경험의 중요성과 실제 사례를 생생하게 보여준다. 이들 브랜드에 있어 제품은 스펙만으로 이야기할 수 없는 그 무엇이다. 아날로그 사진을 찍는 사람들은 어떤 욕구를 가지고 있을까? 이를 어떻게 하면 제품을 경험하는 과정에 녹여낼 수 있을까? 이런 고민이 만들어 낸 매우 훌륭한 브랜드 경험의 살아 있는 사례이다. 그리고 이러한 트렌드에 중심에서 우리는 **인생네컷**과 같은 브랜드들이 성공한 이유를 미루어 짐작해 볼 수 있다.

하지만 시장 자체가 아예 그 토대부터 바뀌는 경우도 종종 만난다. 교복 브랜드 **엘리트**는 한때 B2C 시장을 호령하는 대표적인 브랜드였다. 하지만 B2B로 시장 자체가 바뀌어버리는 경험을 했다. 과연 **엘리트**는 이런 변화에 적응하기 위해 어떤 선택을 했을까? **패스트파이브**는 전형적인 오프라인 비즈니스다. 하지만 그들의 마케팅과 브랜딩 전략은 철저하게 온라인을 지향하고 있다. 덕분에 공유오피스 시장에서 쟁쟁한 해외 브랜드를 제치고 빠르게 성장한 브랜드가 될 수 있었다. 이제 그들은 건물 자체를 변화시키고 오피스뿐만 아니라 라이프 전반에 걸친 서비스로 확장해 가고 있는 중이다.

가장 좋은 배움의 방법은 이론과 실전이 적절한 균형을 이루는 것이다. 너무 이론에만 매몰되면 현실감각을 잃는다. 제품을 팔고 서비스를 제공하는 최전선에 있다 보면 본질을 잃기 쉽다. 이 책은 바로 이러한 이론과 실전의 균형점에 서 있고자 노력했다. 브랜드를 고민하는 **레드펭귄**의 마케터들이 클라이언트들을 한 명 한 명 따로 찾아 그 해답을 얻기 위해 고군분투한 결과다. 각 챕터는 개론과 케이스 스터디, 그리고 이를 실전에 적용한 브랜드들을 소개하는 형태로 구성되어 있다. 아마도 이 책은 상사의 기대 앞에 넋 놓고 있는 주니어에게, 실적이 필요한 마케터에게, 회사의 넥스트 스텝을 고민하는 브랜드 마케터에게 일종의 나침반 역할을 해줄 것이다. 그것이 24시간 현업에 대한 고민의 끈을 놓지 않으면서도 끝내 이 책을 완성한 우리 저자들이 기대하는 바다. 부디 우리의 이러한 바램이 독자들의 마음에 닿기를 간절히 바라본다.

Chapter 1

라이프 스타일

Lifestyle

블랭크라는 회사를 아는가? 아마 많은 사람들이 고개를 갸웃할 것이다. **바디럽**이나 **닥터원더, 블랙몬스터** 같은 브랜드는 어떨까? 그렇다. **블랭크**는 이들을 비롯해 10여 종 이상의 다양한 브랜드를 만들어 낸 미디어커머스 그룹이다. 이 회사의 특장점은 단순하다. 사람들의 필요와 시장의 니즈에 민감하다는 것이다. 또한 자체적인 광고·마케팅 역량으로 판매하는 능력이 탁월하다. 자신들이 직접 브랜드 기획을 할 뿐만 아니라 가능성 있는 제품을 발굴해 브랜드로 만들어 내기도 한다. 이들이 지금까지 가장 강조해 온 역량 한 가지가 있다면 아마도 시장의 변화와 트렌드를 라이프 스타일과 연결하는 노하우일 것이다.

동네 빵집 **폴앤폴리나**가 영업을 시작한 2008년은 글로벌 금융위기로 떠들썩한 해였다. 홍대 앞 골목의 15평짜리 공간에서 시작한 이 빵집은 식빵과 캉파뉴, 치아바타 등을 만들었다. 대부분 설탕도, 버터도, 심지어 달걀도 쓰지 않고 만드는 빵이었다. 한마디로 별다

유럽식 식사빵 전문 베이커리 '폴앤폴리나'　　　　　　　　　　(출처 : 네이버 플레이스)

른 맛이 없는 심심한 식사빵을 팔았다. 장사가 잘될 리 만무했다. 하지만 빵집 주인은 믿음을 잃지 않았다. 우리나라에도 언젠가 식사빵의 시대가 올 것이라고 확신했다.

변화는 서서히 시작되었다. 2012년 한국인의 1인당 연간 빵 소비량은 78개였다. 2016년에는 그 수가 90개로 늘었다. 그리고 지금은 많은 사람들이 간식이 아닌 식사로 빵을 즐긴다. **폴앤폴리나**는 그동안 기존 연희동 매장에서 여의도, 광화문, 방이동, 더현대서울 등으로 매장을 늘렸다. 덕분에 이제 수많은 사람들이 독특한 개성을 지닌 동네 빵집에서 식사빵을 즐기고 있다.

———

어느 젊은 사업가가 뉴욕 출장길에서 샐러드의 대유행을 보았다. 하지만 한국에서 샐러드는 파스타를 먹을 때 곁들이는 사이드 메뉴일 뿐이었다. 샐러드는 결코 밥이 될 수 없다는 직원들의 반대를 뿌리치고 그는 가로수길에 샐러드 전문점 **배드파머스**를 열었다. 반응은 가히 폭발적이었다. 이제는 여성뿐 아니라 건강에 신경 쓰기 시작한 30~40대 남성들도 샐러드 매장을 찾는다. 혼밥족과 1인 가구의 증가는 이러한 샐러드 시장을 키우는 데 큰 역할을 했다. **샐러디**나 **피그온더가든** 같은 샐러드 전문 프랜차이즈들의 매출 역시 폭발적으로 늘었다. 이들은 아보카도와 퀴노아, 계절채소 등을 큼직한 샐러드용 볼에 가득 담아 소스와 비벼 먹는다. 이러한 변화의 중심에 **배드파머스**가 있었다.

이제 사람들은 집에서 빨래를 하지 않는다. 2020년 현재 3,000여 개의 가맹점을 운영 중인 **크린토피아**의 폐업률은 업계 최저 수준인 1%대 이하다. 이 회사가 사업을 시작할 때만 해도 사람들은 남편의 와이셔츠를 세탁소에 맡기지 않았다. 그래서 이들은 와이셔츠를 세탁소 앞에 줄줄이 걸어두었다. 많은 사람들이 세탁소를 이용하고 있다는 사실을 알리기 위해서였다.

━━━

브랜더와 마케터가 시장의 변화만큼이나 사람들의 욕구, 라이프 스타일의 변화를 읽어야 하는 이유가 바로 여기에 있다. 이것은 어쩌면 마케팅의 문제가 아니라 심리학, 나아가 인문학의 문제인지도 모른다. 그래서 **29CM**에서 카피를 쓰는 마케터는 소설을 읽는다. 소설 문장에서 카피를 따오기 위해서다. **마켓컬리**에는 스무 명 이상의 작가들이 근무 중이다. 그래서 **마켓컬리**의 상세페이지는 뭔가 남다르다. 이들 작가들이 무엇을 고민할지 상상하는 일은 어렵지 않다. **블랭크** 역시 마찬가지다. 사람들이 무엇에 목말라 하는지, 무엇을 필요로 하는지, 어떤 문제를 해결하고 싶어 하는지를 연구한 후 필요한 제품을 기획하거나 시장에서 찾는다.

그러니 이제 MZ세대가 열광하는 것에 머무르지 말고 그들 속에 숨어 있는 욕구를 읽어보자. 이 세대를 지배하는 가장 큰 감정은 '두려움'과 '불안'이다. 좋은 학교, 좋은 직장이 안정된 노후를 절대 보장할 수 없다는 사실을 이들은 이미 알아버렸다. 그래서 MZ세대가 그토록 부동산과 주식, 코인에 빠져드는 것이다. 소확행, 워라밸, 가심비 같은 유행어는 그냥 나온 것이 아니다.

요즘 가장 관심 있게 보는 브랜드 중 하나가 **올버즈**이다. 탄소 배출을 최소화하기 위해 양모와 유칼립투스 나무로 신발을 만든다. 가벼운 데다 디자인까지 트렌디하다. 요즘 세대가 가치 있는 소비에 열광한다는 사실을 알고 있기 때문이다. 이때 중요한 것은 신발이 아니라 그 안에 담긴 메시지다. 카페 하나를 하더라도, 가게 하나를 열더라도, 요즘 세대의 소비 경험에 '가치'를 담아야 한다.

유칼립투스 나무, 사탕수수 등 자연유래 소재로 만든 세상에서 가장 편한 신발, 올버즈
(출처 : 인스타그램 @allbirdskorea)

———

　지금 **블랭크**의 가장 큰 고민 역시 기존의 제품에 가치를 더하는 '브랜딩'이다. 사람들의 필요와 시장의 니즈를 넘어 그들의 숨은 욕구를 찾는 일에 모든 역량을 집중하고 있다. 만일 **블랭크**가 한 단계 더 도약한다면 그것은 미디어커머스 기업에서 브랜딩 컴퍼니로 진화하는 과정일 것이다. 이들의 고민과 변화, 변신을 위한 노력에 주목하게 되는 이유가 바로 여기에 있다.

블랭크

소비자도 모르는 시장의 숨은 욕구를 읽어라

Interviewed with

블랭크코퍼레이션
함형욱 PRO, 최자회 PRO, 박소현 PRO

Q. 블랭크 하면 블랙몬스터가 먼저 생각이 나요. 블랙몬스터는 어떻게 시작되었나요?

블랙몬스터는 한마디로 모든 남성을 위한 토털 그루밍* 브랜드입니다. 자신의 멋을 추구하는 개개인의 매력을 최대한 발휘할 수 있도록 도움을 주자는 것이 모토입니다. **블랭크**의 첫 번째 브랜드이고, 대표님이 직접 시작한 브랜드이기도 합니다. 그동안 좋은 성과를 내고 있었는데, 코로나 팬데믹으로 인해 다시 한 번 더 변화가 필요한 상황입니다.

---

* 그루밍이란 몸을 치장한다는 뜻의 '그룸(groom)'에서 나온 말로, 그루밍족은 패션과 미용에 아낌없이 투자하는 남성들을 일컫는다.

Q. 어떤 변화를 모색하고 있나요?

기존에는 단지 제품으로 소비자들과 커뮤니케이션을 했어요. 그러다 제품이 소비자에게 어필하지 못한다 싶으면 다른 제품을 출시했습니다. '다운펌'의 시장 반응이 조금 시들해지면 '블랙밤'을, 그다음에는 '올인원'을 내는 식이었죠. 당시에는 제품의 지속성을 깊이 고려하지 못했던 게 사실이에요. 그래서 지금은 론칭된 지 3~4년이 지난 제품들을 요즘 기준에 맞춰 리뉴얼하고 있어요. 요즘 소비자들의 필요에 얼마나 부합하느냐, 새로움이라는 이슈가 있느냐 하는 것이 리뉴얼의 핵심이자 목표입니다.

Q. 제품은 물론 홍보와 광고 방향성까지도 함께 고민하고 있는 것 같아요.

제품이 지향하는 가치와 방향에 맞는 컨셉을 도출하는 게 우선입니다. 물론 그에 맞는 제품 개발도 필요하고요. 초기의 콘텐츠 마케팅은 대부분 비포 앤 애프터**before & after** (사용 전후 비교)를 보여주는 방식이었어요. 그런데 그 효과를 극대화해서 보여주다 보니 실제 상품 사용에서 기대에 못미친다는 품질 이슈로도 연결됐죠. 롱런 하는 브랜드가 되기 위해 제품의 지속적인 품질 개선이 필요한 상황이 된 겁니다. 이 때문에 초기의 비포 앤 애프터에 집중했던 마케팅 방식에도 많은 변화가 생겼어요. 지금은 고객의 라이프 스타일과 브랜드, 상품을 연결시킬 수 있는 콘텐츠, 실제 사용 리뷰 등 훨씬 다각도의 콘텐츠를 다양한 경로를 통해 노출하고 있어요.

비포 앤 애프터의 마케팅 기법을 활용한 닥터원더 광고 사례　　　　　(출처 : 닥터원더)

Q. 블랭크의 제품 론칭은 어떤 방법으로 진행되나요?

그동안은 내부 아이디어 회의를 통해 기획자가 제품을 론칭하는
방식이 대부분이었습니다. 제품을 기획한 사람이 주축이 되어 브랜
드를 만드는 거죠. **바디럽**을 포함해 규모가 큰 브랜드들은 대부분
그렇게 만들어졌습니다. 일반 회사처럼 처음부터 브랜드를 완전히
갖추고 론칭하는 것이 아니라, 작게 시작해서 가능성이 보인다 싶으
면 확장하는 형태로 진행해 온 거죠.

Q. 제품을 발굴해 성장시키는 과정이 브랜딩 전문 기업 같다는 생각
이 듭니다. 일반적인 제조업체의 브랜드와는 조금 다른 것 같아요.

오프라인을 기반으로 확대했던 여타 제조업체의 브랜드와 달리
저희는 트렌드의 흐름을 분석하고 고객의 니즈를 파악한 후 기존에
없던 시장을 만드는 방식으로 브랜딩을 해왔습니다. 고성장하는 시
장에서 유의미한 포지셔닝을 할 수 있는 상품과 브랜드를 기획했죠.
예를 들어 **블랙몬스터** 같은 경우는 남성 그루밍 뷰티라는 트렌드를

읽고 빠르게 시장에 진입해 성공한 케이스입니다. 반면에 **바디럽**의 필터 샤워기나 수면용품 같은 경우는 아직 제대로 형성되어 있지 않은 시장을 만들어 선도 브랜드가 된 케이스죠. 기본적으로 디지털 기반의 콘텐츠 마케팅을 활용하는 게 가장 큰 차이라고 생각해요.

Q. 그후로 다른 브랜드도 블랭크의 마케팅 전략을 많이 참고하지 않았을까 싶은데요.

저희는 처음에 '비포 앤 애프터'를 강조하는 자극적인 광고로 소비자들의 관심을 얻었습니다. 그러자 시간이 지나면서 자연스럽게 미투 제품me too product(모방 또는 유사 제품)이 나오더라고요. 그런데 대형 브랜드들은 당연히 광고비를 더 많이 쓰니 경쟁에서 밀릴 수밖에 없었어요. 그래서 사람들의 숨은 니즈needs를 자극할 수 있는, 이전 시장에는 없던 새로운 제품을 출시해야만 했어요. 물론 쉬운 일이 아니었죠. 그때부터 브랜드 파워가 있어야 한다는 것을 깨달았어요. 그래서 지금은 브랜디드 콘텐츠branded contents 제작이나 세련된 제품 이미지를 강조하는 작업들을 많이 하고 있어요. 결국 광고의 관점이 아니라 소비자와 어떻게 '커뮤니케이션할 것인가'의 관점을 고민하는 것이 차별화가 될 수 있는 포인트라고 생각해요.

Q. 브랜디드 콘텐츠는 어떤 식으로 만들어지나요?

예전처럼 효과만 강조하는 시대는 이제 끝났어요. 한때는 단순히 비포 앤 애프터를 보여주거나 인스타그램에 예쁜 이미지만 나열해도 잘되던 시대가 있었어요. 하지만 지금은 하나만 해서는 안 돼요. 예를 들어 비포 앤 애프터를 보여주는 광고는 당장의 매출은 나오겠지만 브랜드 이미지는 포기해야 하죠. 그렇다고 브랜드 이미지만 강조하면 매출이 나오지 않아요. 결국 채널에 맞는 다양한 콘텐츠를 가지고 접근해야 합니다. 이것들이 시너지를 일으켜서 좋은 결과가 나오는 거죠. 다만 실행하고 결과가 나오기까지 걸리는 시간이 점점 더 길어지고 있습니다.

특히 요즘 MZ세대들이 좋아하는 제품은 브랜드의 정체성이나 아이덴티티가 분명한 것들입니다. 그런 브랜드는 아주 특별한 제품이 아니더라도 잘 팔립니다. 하지만 하루 이틀 커뮤니케이션한다고 해서 바로 달라질 수는 없어요. 긴 호흡으로 콘텐츠를 만들어가는 것을 기본으로 해야 해요. 그 외에 프로모션 콘텐츠는 최대한 브랜드의 톤앤매너 tone and manner 를 해치지 않는 선에서 진행하고 있어요.

Q. 닥터원더는 어떤 식으로 콘텐츠 마케팅을 하는지 궁금합니다.

닥터원더는 작은 브랜드여서 제품의 기능적 장점만으로 흥미를 끌어왔어요. 사실 **닥터원더**가 어떤 브랜드인지에 대해서는 아직 저희도 이미지가 구체화되어 있지 않은 상태예요. 말 그대로 강력한 비포 앤 애프터로 커뮤니케이션한 브랜드거든요. 하지만 이제는 제품이 간접적으로 보이게 편집한다거나, 리뷰 형태의 광고를 만드는 식으로 변화를 꾀하고 있어요. 현재는 주로 소비자들이 이 제품을 어떻게 사용하고 활용했는지 리뷰를 위주로 커뮤니케이션하고 있어요.

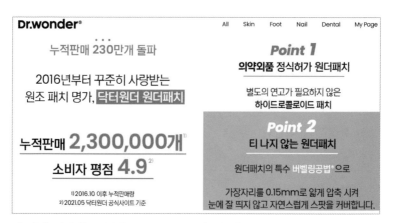

제품의 기능적 장점을 부각해 흥미를 유도하는 브랜드 '닥터원더'　　　　(출처 : 닥터원더 홈페이지)

Q. 앞으로는 인지도를 어떻게 충성도로 옮겨가느냐, 어떻게 브랜딩할 것인가에 대한 고민이 가장 크겠네요.

브랜드 컨디션에 따른 고민도 있겠지만 환경이 영향을 많이 끼친다고 생각합니다. 집행하는 매체의 환경이 달라지고 소비자들이 변하고 있어요. 작든 크든 상관없이 모든 브랜드들이 비슷한 고민을 하고 있을 거예요. 누가 먼저 하느냐의 차이가 있을 뿐이죠. 조금 더 빨리, 조금 더 먼저 가느냐가 성과에 큰 영향을 미친다고 봐요.

Q. 이처럼 과도기를 거쳐 태세 전환에 성공한 브랜드들이 있을까요?

최근에 브랜드 메시지나 컨셉을 잘 전달하고 있는 곳으로 **시타**를 주의깊게 보고 있어요. '원더걸스' 소희가 제로웨이스트* 제품이 좋다고 SNS에 소개하면서 **시타**의 제품들이 굉장한 주목을 받았는데 어느 순간 제품들을 단종시켜 버렸어요. **시타**의 제품들도 어쨌든 플라스틱 튜브로 만들어졌거든요. 진정한 제로웨이스트가 아니라는 이유로 아예 제품 판매를 중단해 버린 거죠.

또 하나 SNS에서 핫한 브랜드 중에 **낫아워스**가 있어요. 선인장으로 가죽 가방을 만든다거나 하는 식으로 자신들이 지향하는 브랜드 가치를 알리며 브랜딩에 성공한 곳이에요.

Q. 모두 자신들의 가치를 지키려 애쓴다는 공통점이 있네요. 다른 의미에서 성공한 브랜드로 어떤 것들이 있을까요?

가장 먼저 떠오르는 브랜드는 **오호라**예요. 처음에는 제품 중심으로 시작해 지금은 브랜딩으로 넘어가고 있는 것 같아요. 모델을 기용해 브랜드 이미지를 만들어 나가고, 그 모델과 협업해 제품을 만든다든지 아니면 다른 브랜드와 콜라보한다는 점에서 우리와 비슷합니다. 지금은 제품 위주의 커뮤니케이션과 가치 지향적인 브랜딩이 공존하고 있는 시기여서 연구해 보면 좋을 만한 브랜드라는 생각이 들어요.

논픽션이라는 브랜드도 주목하고 있습니다. 어찌 보면 '향'이라는 트렌드를 그들이 만들었다고 할 수 있거든요. '향기에 뭔가 트렌드가 생겼고, 우리는 그 트렌드를 리딩해 가는 브랜드야'라고 커뮤니케

---

* 제로웨이스트(Zero waste)란 쓰레기 배출을 '0'에 가깝게 최소화하자는 취지의 운동이다. SNS에서 자신의 일상을 공유하는 MZ세대들이 주축인 운동답게, 다양한 챌린지들이 펼쳐지고 있다.

이션을 하고 있습니다. 향은 직접 맡아봐야 하는데 모두 온라인으로 구매하잖아요. 그런 부분에 대한 솔루션을 잘 제공하고 있다는 생각이 듭니다.

논픽션을 만든 **텐버린즈**가 '돈 벌 생각이 없다'고 느꼈던 부분이 있습니다. 손 소독제가 SNS에서 반응이 좋아 계속 품절됐는데도 사람들이 기다렸다가 그 제품을 사더라고요. 심지어 재입고 알림을 이용하면서까지 말이죠. 돈을 많이 벌려면 이슈가 생겼을 때 많이 생산해서 계속 팔아야 하는데 **텐버린즈**는 그러지 않았습니다. 욕심을 부리는 대신 브랜드 가치를 지키고 싶은 거죠.

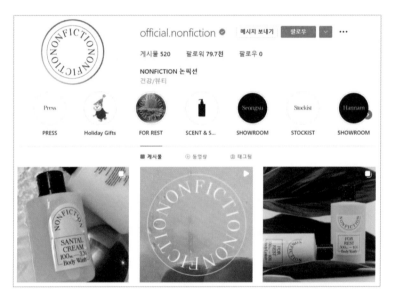

라이프 스타일 뷰티 브랜드 '논픽션'　　　　　　　(출처 : 인스타그램 @official.nonfiction)

Q. 이런 브랜드 파워는 어떻게 만들어질까요?

우리 브랜드가 충분히 매력적으로 보여야 되고, 사람들이 기다릴 만한 가치를 부여해야 이런 반응도 가능합니다. 보통 일반적인 브랜드의 제품은 없으면 다른 제품을 구매합니다. 그래서 고객들이 그러지 않는다는 확신이 있고, 이 제품만큼은 '독보적인 자신감'이 있을 때 가능한 마케팅이죠. 기다릴 만한, 소비할 만한 가치를 제공하는 것입니다. 하지만 단기간의 매출을 포기할 회사가 얼마나 있을까요?

Q. 회사가 매출 위주의 가치를 지향한다면 절대 할 수 없는 결정인 것 같습니다.

그렇죠. 그리고 마케터 한 명이 할 수 있는 의사결정이 아니죠. 회사의 방향성과도 맞아야 하고, 경영진 등 모든 사람들이 동의를 해야만 가능한 일입니다. 실무를 하다 보면 말처럼 쉽지 않아요. 제품이 품절인데 생산을 조정하는 회사가 얼마나 되겠습니까?

Q. 브랜딩을 하다 보면 마케팅팀과 싸울 수밖에 없습니다. 블랭크는 이런 선택의 기로에 섰을 때 어떤 결정을 했는지 궁금합니다.

블랭크는 가장 먼저 제품을 기반으로 피드백을 취합합니다. NPS *

---

* NPS(Net Promoter Score)란 브랜드에 대한 고객충성도를 알 수 있는 지표를 말한다. 비교적 익숙한 5점이나 7점 척도가 아닌 11점 척도로 구성되며, 데이터를 해석하고 활용하는 방법도 조금 다르다. 지금은 글로벌 기업들이 고객충성도를 평가하는 가장 표준화된 지표로 자리 잡았다.

라고 해서 제품에 대한 소비자의 만족도를 점수로 환산하죠. 이전에는 점수가 낮은 제품들은 매출에 상관없이 단종시켰어요. 특별히 브랜드 지속성을 고려하고 내린 결정은 아니었지만 경험적으로 제품의 가치를 지키는 방법을 알고 있었던 거죠. 지속 가능성을 조금 더 염두에 두었다면 좋았을 텐데 당시에는 새로운 제품 개발에 대한 관심과 노력이 더 클 수밖에 없었어요.

Q. 충분히 의미 있는 결정 같아요. 소비자의 반응이 좋지 않으면 브랜드 가치에 악영향을 줄 거라는 판단하에 단종시킨 셈이니까요.

사실 요즘에도 그런 브랜드가 남아 있을까 하는 의문이 듭니다. 예를 들어 **아모레퍼시픽** 제품은 엄마들이 그냥 믿고 사잖아요. 그런데 요즘은 꼭 그렇지도 않아요. 예전에는 진짜 믿고 사는 브랜드 이미지를 만드는 것이 브랜딩이었다면, 요즘은 얼마나 매력적인 브랜드로 보여지느냐 하는 것이 브랜딩의 기준인 것 같습니다. 이 브랜드가 얼마나 내 가치관과 맞느냐, 얼마나 내가 좋아하는 것들과 잘 어우러지느냐, 이런 것들이 더 중요한 겁니다.

Q. 자신의 가치관과 맞는 소비자라면, 일종의 '가치소비'라고 말할 수 있겠네요.

네. '가치소비'란 말이 맞는 것 같아요. 다만 예전에는 제품의 가치만 고려했다면 지금은 브랜드까지 고려한다는 겁니다. 이런 가치소비는 뷰티 카테고리에서 가장 빨리 나타납니다. 이미 클린뷰티를 지나 비건까지 가고 있는 상황이에요. 우리나라는 아직 조금 느려서 이제야 비건에 대해 관심을 가지기 시작했어요. 그런데 화장품에서는 비건을 실현하기가 쉽지 않습니다. 비건에 가까워질수록 제품 사용감은 안 좋아질 수밖에 없거든요. 그래서 **닥터원더**는 '약사나 피부과 의사 등의 자문으로 만들어지는 더마*로 가야 하는 건가' 하는 고민도 하고 있어요. 어떤 타깃이냐에 따라 트렌드를 어느 정도 맞출지 결정되는 것 같습니다.

Q. 뭔가를 하나 잡으려면 또 뭔가 하나를 놓아야 하는군요.

블랙몬스터는 남성 코스메틱이기 때문에 여성 제품보다 가치소비에 대한 니즈가 조금 덜한 편입니다. 하지만 앞으로 리브랜딩을 통해 가치소비 트렌드에 맞추려고 합니다. 예를 들어 **러쉬**가 가치소비에 맞춰서 내놓은 제품이 '샴푸바'인데, 실제 매출은 다른 데서 많이 나와요. **블랙몬스터** 역시 가치 지향적인 제품이 잘 안 팔리더라도 상징성 있게 출시할 예정입니다. 매출 위주의 제품은 일상의 소소한 필요에 맞춰 이를 해결하는 방식으로 개발하고요.

Q. 블랭크는 힙한 브랜드 쪽에 더 가깝지 않나요? 제품의 매력에 좀더 집중해야 할 것 같은데요.

---

* 더마란 피부 과학이라는 뜻의 더마톨로지(dermatology)와 화장품이라는 뜻의 코스메틱(cosmetic)을 합친 '더마 코스메틱'의 줄임말로, 쉽게 말해 기능성 화장품을 뜻한다

소비자가 브랜드를 신뢰할 수 있는가를 결정하는 가치에는 변함이 없다고 생각해요. 예전에는 그 신뢰가 오로지 제품력이었어요. 얼마나 오랜 역사를 가졌고, 얼마나 제품을 잘 만드는지, 전자제품이라면 얼마나 튼튼하고, 화장품이라면 얼마나 효능이 좋으냐가 중요했죠.

하지만 지금은 제품력과 기능은 기본이 되었죠. 이제 그다음은 소비자에게 어떤 가치를 줄 수 있느냐인 것 같은데요. 그건 가성비일 수도 있고, 혹은 완전한 하이엔드이거나 팬덤이 있는 브랜드가 될 수도 있을 것 같아요. **블랭크**에는 여러 브랜드가 있다 보니 모든 브랜드가 동일할 수는 없지만 기본적으로는 팬덤을 가질 수 있는 브랜드를 지향하고 있습니다. 최근에 IP(지식재산권) 업체와 저희의 브랜드 사업을 접목한 IP 커머스[*]를 시작한 것도 궁극적으로는 이런 팬덤이 있는 브랜드로 만들어가기 위함이에요.

Q. 블랭크라는 회사의 문화, 새로운 브랜드를 만들어가는 노하우, 직원들이 소통하는 방식들을 내·외부에 알릴 필요도 있지 않을까요?

블랭크만의 문화에 대해서는 지금까지 많이 알렸다고 생각합니다. 직원 복지에 대해 기사화된 적도 많았고요. 입사나 이직을 고려

---

[*] IP 커머스란 지식재산권(IP)에 커머스를 더한 비즈니스 모델을 말한다. 국내 인기 아이돌을 활용한 '팬 커머스'와 같이 팬덤이 확실한 IP를 확보해 이와 연계한 다양한 상품을 기획·디자인·제작해 유통 및 판매하는 것을 말한다. 블랭크코퍼레이션은 월트디즈니컴퍼니코리아(디즈니)와 라이선싱 계약을 체결하며 콘텐츠 커머스 영역으로 IP 개념을 확장한 바 있다.

하는 사람들 대부분이 이미 **블랭크**라는 회사를 알고 있다고 생각합니다. 다만 회사는 계속 변화하는 생물체와 같아요. D2C*라는 새로운 시장을 만들 때 파격적인 복지나 기업문화가 많이 도움이 됐을 겁니다. 또한 **블랭크**가 계속 성장해 나가면서 회사의 문화와 소통방식, 브랜드를 만들고 알리는 방식 또한 계속 변화하겠죠. 인위적으로 알리기보다는 저희의 브랜드가 계속해서 고객들에게 사랑받고, 그 뒷단에 있는 브랜드를 만드는 사람들과 기업문화가 자연스럽게 알려지는 것이 가장 베스트라고 생각해요.

Q. 블랭크는 어떻게 보면 브랜딩 회사이기도 하잖아요. 바디럽이나 블랙몬스터 같은 여러 브랜드를 만들어 왔으니까요. 결국 블랭크라는 브랜드의 가치를 높이는 작업은 언젠가 꼭 필요하다는 생각이 들어요.

블랭크는 디지털 기반의 브랜드에 대한 가장 많은 경험치를 가진 회사라고 생각해요. 물론 많은 기업들이 뷰티나 패션 등의 카테고리에서 성공 경험을 가지고 있을 겁니다. 하지만 **블랭크**는 뷰티에서 리빙, 패션, 반려까지 카테고리의 제한 없이 성공시킨 브랜드만 해도 꽤 많거든요. 그런데 그만큼 우리가 접은 브랜드들도 많아요. 성공

---

* D2C는 Direct to Customer의 약자로, 기업이 소비자와 직거래를 하는 형태의 비즈니스를 뜻한다. 기존의 오프라인 및 온라인 유통업체를 거치지 않고 바로 소비자와 만나 판매하는 비즈니스이다. 온라인 자사몰이 대표적인 D2C이다.

파격적인 복지와 기업문화로 유명한 블랭크 (출처 : 블랭크 홈페이지)

뿐 아니라 실패의 경험치도 가지고 있는 거죠. 그래서 **블랭크**는 가능성 있는 브랜드를 발굴해 성장시키는 비즈니스 모델로 확장하게 될 거예요. 그 과정을 통해 디지털 기반의 브랜드에서 가장 많은 경험치를 가진 **블랭크**라는 브랜드 가치가 빛을 발할 수 있을 거라고 생각해요. **블랭크**의 역량이 가장 잘 발휘될 수 있는 비즈니스니까요.

〈블랭크〉 브랜딩 프로세스

1 | 가치 키워드

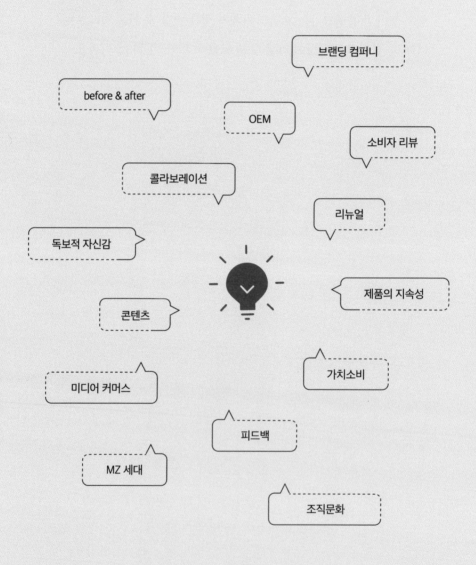

2 | 브랜드 컨셉휠

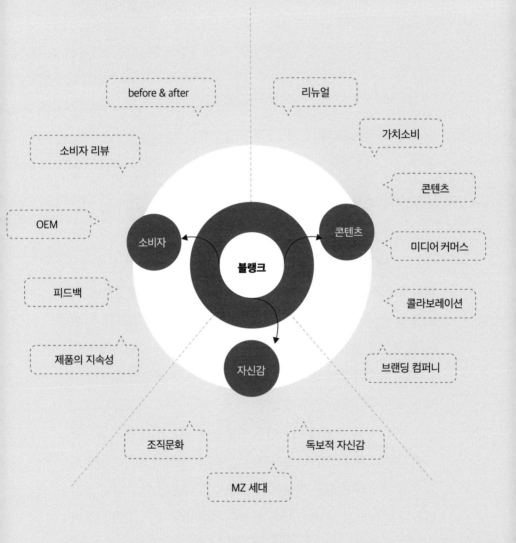

Brand in Lifestyle **낫아워스**

2017년, 회사원이던 신하나 씨는 서울 마장동 정육점 거리로 회식을 갔다. 마음껏 고기를 먹고 나왔음에도 평소와 다른 묘한 기분이 들었다. 붉은 조명과 동물들의 사체, 피비린내와 살냄새가 진동하는 그곳이 갑자기 불편하게 다가왔던 것이다. 그즈음 유튜브에서 게리 유로프스키의 강연을 보았던지라 그 느낌은 더욱 강렬했다. 유로프스키는 미국에서 동물권리활동가로 일하는 사람이었다. 신 씨는 이 강연을 통해 오리가 산 채로 가슴 털을 뜯기는 모습과 동물이 산 채로 가죽이 벗겨지는 고통을 당하고 있는 등 축산업에 대해 미처 몰랐던 사실들을 알 수 있었다.

신 씨는 문득 이렇게 만들어진 제품을 입거나 들고 다녀야 하는지에 대한 회의가 들었다. 동물들의 고통으로 만들어진 옷은 앞으로 입지 말자고 다짐했다. 그런데 막상 그렇게 마음을 먹고 나니 당장 입을 옷이 마땅치 않았다. 남은 방법은 하나였다. 결국 직접 만들어

지속가능한 삶에 대한 고민을 담은 비건 패션 브랜드 '낫아워스'　　　　　　(출처 : 낫아워스)

보자는 생각에 회사를 창업했다. 10년째 비건을 실천 중이던 박진영 씨도 의기투합했다. 비건 브랜드 **낫아워스**NOT OURS의 시작이었다.

　최근 글로벌 패션 업계의 최대 화두 중 하나는 '동물 착취 없는 패션'이다. **구찌**의 전문경영인CEO 마르코 비자리는 이미 '퍼 프리Fur Free(동물의 털을 사용하지 않는 것)'를 선언한 바 있다. 한때 소수의 취향으로 여겨졌던 비건Vegan(완전채식주의)이 먹거리와 입을거리 등 우리의 생활 전반으로 확장되고 있고, 동물 착취를 반대하는 '비거니즘'의 개념도 널리 퍼지고 있다. 이제 비거니즘은 우리 사회를 이끄는 중요한 키워드로 자리 잡아가고 있다. 그중에서도 비건 패션이란 동물성 소재를 사용하지 않는 의류를 말한다. 이런 동물성 소재에는 깃털과 솜털(오리, 거위), 울(양모), 캐시미어(염소), 실크(누에고치), 소뿔과 자개단추 등이 있다.

　그렇다면 **낫아워스**가 선택한 대안은 무엇일까? 이 브랜드가 동물의 가죽 대신 선택한 원료는 다름 아닌 선인장이었다. 텀블벅에서

라이프 스타일 Lifestyle
●

'선인장 가죽으로 만든 카드홀더'로 펀딩을 진행했는데, 결과는 대성공이었다. 당시 목표금액의 427%를 달성할 정도로 인기를 끌었다. 이 제품은 멕시코에서 비와 흙 속의 무기질을 머금고 자란 선인장으로 만들어진다. 선인장 잎을 수확해 3일 동안 햇볕에 말린 후 가루로 빻아 다른 성분과 섞어 섬유화 과정을 거치는 것이다. 이렇게 만들어진 선인장 카드홀더는 1,200일 정도면 50% 가량 생분해되어 자연으로 돌아간다.

선인장 가죽에는 동물 가죽 제조과정에서 사용되는 중금속, 프탈레이트, PVC 등의 독성 물질이 들어가지 않는다. 동물 가죽과 달리 무두질 과정도 없다 보니 노동자가 유해물질에 노출되는 일도 없다.

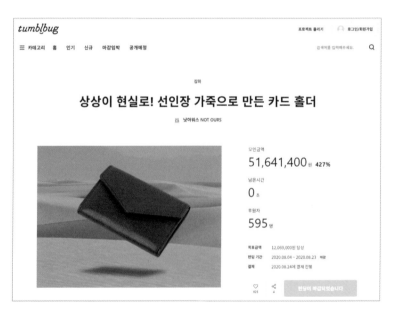

텀블벅에서 펀딩을 진행한 낫아워스의 카드 홀더　　　　　　　　　　(출처 : 텀블벅 홈페이지)

실용성 또한 높아 선인장 가죽 가방은 일반 가죽 가방보다 두세 배 가볍다. 당연히 몸에 가해지는 무게 부담도 덜하다. 이렇듯 동물을 해치지 않으면서도 실용적인 친환경 제품을 만들 수 있다는 것, 이것이 **낫아워스**가 그토록 바라는 세상의 모습은 아니었을까?

'친환경 제품' 하면 가장 먼저 떠오르는 브랜드는 **프라이탁**이다. **프라이탁**은 버려진 트럭의 방수천으로 가방을 만든다. 사실상 원가 제로의 이 제품은 '친환경, 리사이클'의 가치를 담아 불티나게 팔려 나갔다. 하지만 낡고 기름때 묻은 이 방수천을 세척하면서 생기는 환경오염은 이들이 풀어야 할 숙제일 것이다. **낫아워스**에게도 같은 질문을 던지고 싶었다. 동물 가죽을 쓰지 않기 위해 오랫동안 썩지 않는 인조가죽과 합성수지로 옷을 만드는 것이 과연 윤리적이라고 말할 수 있을까?

하지만 이 질문에 대한 **낫아워스**의 대답은 비교적 선명했다. 오랜 고민 끝에 내린 이들의 결론은 '최대한 오랫동안 입을 수 있는 옷을 만들자'는 것이다. 그래서 한 번 구입하면 여러 세대에 걸쳐 오래 입을 수 있는 디자인을 고민하고 있다고 했다. 마치 자신의 자켓을 사지 말라고 광고하던 **파타고니아**처럼 말이다. 이것도 지구 환경을 지키는 또 하나의 방법이라 믿는 듯했다.

브랜드는 트렌드를 올라타는 지혜를 배워야 한다. 하지만 자신이 주장하는 가치만 앞세워서도 안 된다. 언행일치는 기본이 되어야 한다. 우리가 **낫아워스**를 기대와 관심을 가지고 지켜보게 되는 이유가 바로 여기에 있다.

Chapter 2

컨셉

Concept

올리브영의 브랜드 캠페인 슬로건(2021년)은 '세상 모든 루틴, 올리브영'이다. 여기서 '루틴'이란 일상에서 반복하는 일종의 의식 정도로 해석할 수 있다. 아침에 일어나 기도나 명상을 하거나 글을 쓰고 운동을 하는 것도 이런 루틴, 즉 리추얼 ritual 이라 부를 수 있다.

그렇다면 **올리브영**은 왜 이런 슬로건을 전면에 내세운 걸까? **올리브영**은 뷰티와 헬스 관련 제품을 주로 취급한다. 어딘가 루틴과 맥이 닿아 있다는 생각이 들지 않는가? 아름다워지기 위해, 건강해지기 위해 가장 필요한 것이 바로 루틴이다.

컨셉*이란 하나의 그릇이다. 브랜드의 정체성을 모두 담아낼 수 있는 그릇이다. 내용물을 가장 잘 어울리는 그릇에 담을 때 그것을 가장 잘 드러낼 수 있고 가치도 올라간다. 꽃을 대접에 담을 수도 있

---

* '컨셉'의 정확한 우리말 표기는 '콘셉트'이지만 이 책에서는 일상에서 익숙하게 사용하는 '컨셉'으로 표현하기로 한다.

지만 예쁜 꽃병에 담을 때 가치는 배가 된다. 적절한 컨셉이 중요한 이유는 여러 가지 내용물을 모으기 위해서이다. 이것이 바로 컨셉의 역할이다. 컨셉이 명확하면 네이밍도, 카피도, 슬로건도 만들기 쉽다. **올리브영**이 그랬던 것처럼 말이다.

———

한때 **프로스펙스**도 **나이키**나 **아디다스**처럼 조깅화를 만들었다. 그런데 갑자기 전국에 걷기 열풍이 불었다. 걷기에 적합한 운동화를 만들면서 그들은 생각했다. 여기에 '워킹화'라는 이름을 붙이면 어떨까? 모양은 비슷했으나 담는 그릇이 달라지니 가치가 올라갔다. 이 컨셉 하나로 **프로스펙스**는 한때 운동화 시장을 흔들었다. 그들의 성공을 김연아라는 모델 덕분으로만 돌릴 수 없는 이유는 그들의 선명하고도 분명한 '컨셉' 때문이다.

백세주는 술이다. 백 번 양보해도 결코 건강에 좋다고 할 수 없는 술이다. 적당히 마시면 좋다고 하지만 '적당히' 즐기기가 쉽지 않다. 그런데 **국순당**은 그들이 만든 전통주에 **백세주**라는 이름을 붙였다. 그리고 술병에 그림 하나를 그려 넣었다. 검은 머리의 젊은 청년이 백발의 노인을 회초리로 때리는 장면이다. 알고 보니 백발의 노인은 젊은 남자가 여든 살에 낳은 자식인데, 그 술을 먹지 않아 먼저 늙었다고 한다. 지나가던 선비가 술 이름을 묻자 백발의 노인은 '구기 백세주'라고 답했다.

百歲酒 이야기

옛날 한 선비가 길을 가던 중
어떤 젊은 청년이 늙은 노인을 때리고 있는 것을 보고
"너는 어린 것이 어찌 노인을 매달하는가"
하고 꾸짖자, 그 청년이 대답하기를
"이 아이는 내가 여든살에 본 자식인데
그 술을 먹지 않아 먼저 늙었소"
선비가 그 청년에게 탄복하고 그 술이 무엇이냐고 물은 즉,
구기자와 여러약초가 들어간 구기백세주라 하였다.

백세주 이야기가 담긴 포스터
(출처 : 국순당)

중요한 것은 이 이야기의 진위 여부가 아니다. 구기자와 여러 가지 약초로 만든 이 술을 '건강'이라는 컨셉의 그릇에 담았다는 것이다. 그리고 '아내가 권하는 술'이라는 카피를 썼다. 이 컨셉 하나로 **백세주**는 건강하게 마실 수 있는 전통주의 상징이 되었다. 그보다는 덜 건강해지고 싶은 사람들이 오십세주를 만들어 먹었다. 이쯤 되면 컨셉이 하나의 트렌드로 진화했다고 봐야 할 것이다. 컨셉은 이렇게 힘이 세다.

한번 만들어진 컨셉은 생명력이 오래간다. 디자인이나 성분처럼 카피할 수 없기 때문이다. 컨셉이 필요한 이유는 바로 이 '대체불가'

한 차별성 때문이다. **이니스프리**가 '제주'라는 컨셉을 가져가자 다른 자연주의 화장품 브랜드들은 '청정'이라는 가치를 함께 빼앗겨 버렸다. **삼다수**도 마찬가지다. **백산수**를 비롯해 수없이 많은 생수 브랜드들이 있지만 많은 이들이 여전히 **삼다수**를 선호한다. 컨셉의 힘 때문이다.

그런데 이 컨셉은 분명 정체성에서 나온다. 하나의 브랜드가 말하고자 하는 바가 선명하지 않고 흩어져 있으면 컨셉을 잡기가 불가능하다. **프로스펙스**가 워킹화라는 컨셉을 버리고 다양한 기능을 강조했다면 어떻게 되었을까? **백세주**가 구기자와 각종 약초의 효능만 이야기했다면 지금의 영광을 누릴 수 있었을까?

―――

풀무원처럼 컨셉이 명확한 브랜드가 또 있을까? '자연을 담은 그릇'이라는 슬로건이 선명하게 새겨진 이 브랜드에 대한 신뢰는 이들의 가장 큰 자산이다. 하지만 컨셉의 힘은 비단 인지도와 매출을 높이는데 국한되지 않는다. 컨셉은 브랜드의 기업문화에까지 영향을 준다. 이른바 도즈 앤 돈츠Dos & Don'ts, 즉 따라야 할 내부 규율을 만들기 때문이다. **풀무원**은 튀김면을 만들지 않고 생면과 건면만 만든다. '자연'이라는 컨셉에 맞지 않기 때문이다. **풀무원**은 이처럼 브랜드의 방향성을 관리하는 부서가 따로 존재한다. 그들의 컨셉을 지키기 위해서다.

우리가 **무인양품** MUJI 을 떠올릴 때마다 느끼는 정갈한 이미지도 이같은 엄격한 브랜드 관리에 힘입은 것이다. 결정적인 경영 위기가 찾아왔을 때 이들이 가장 먼저 한 일은 자신들의 내부 규율을 담은 '무지그램'이라는 매뉴얼을 만든 것이다. 손님이 들어왔을 때 해야 할 인사법을 다룬 내용부터 거의 모든 영역의 가이드가 적힌 매뉴얼은 웬만한 책장의 한 면을 채울 정도로 양이 많다. 이것이 바로 우리가 **무인양품**이라는 브랜드를 떠올렸을 때 느낄 수 있는 컨셉의 힘이다. 꼭 필요한 것 외에는 모두 제거한 '심플함'이라는 컨셉 말이다. 그리고 이런 컨셉을 지키기 위해서는 매뉴얼과 같은 엄격한 규칙이 필요하다.

기분 좋은 생활을 제안하는 '무인양품(MUJI)'　　　　　(출처 : muji.com)

호주에서 탄생한 **이솝**은 더욱 엄격하다. 이들은 자신들의 제품이 놓일 장소의 사진까지 요구하는 것으로 유명하다. 자신들의 브랜드 이미지와 어울리지 않는 곳에는 아예 제품을 판매하지 않는다. 이들이 일하는 장소에는 개인적인 용품을 놓지 못한다는 규칙까지 있다. 호텔 화장실에서 가장 쉽게 만날 수 있는 손 세정제 하면 **이솝**이 떠오르는 이유가 바로 여기에 있다. 한 브랜드의 컨셉은 그냥 만들어지지 않는다. 이런 치열함이 바로 컨셉의 영향력과 직결된다.

데이터 전문가 송길영은 자신만의 차별화된 이미지를 만들기 위해 머리를 기르고 묶었다. 트로트 가수 태진아는 화려한 원색의 옷을 입고 무대에 오른다. 이처럼 컨셉을 만들고 지키는 영역은 철학과 규범을 넘어 비주얼에까지 영향을 미친다. 어떤 브랜드를 떠올렸을 때 바로 떠오르는 컬러가 있다면 그것은 엄청난 브랜드가 되었다는 뜻이다. **스타벅스**나 **코카콜라**가 이를 위해 얼마나 많은 투자를 했을지 상상하기는 어렵지 않다.

━━━

하지만 컨셉의 뿌리는 브랜드의 정체성, 아이덴티티 identity 다. 자신이 어떤 사람인지, 어떤 철학과 가치관을 가지고 있는지 명확해야만 도즈 앤 돈츠**Dos & Don'ts**를 정할 수 있다. 한때 TV에 소개돼 유명세를 떨쳤던 **제니퍼소프트** 하면 가장 먼저 떠오르는 이미지는 '놀면 안 돼요?'이다. 무엇을 만드는 회사인지도 잘 모르지만 신뢰에 기반한

'자유'라는 이미지로 수많은 젊은이들의 가슴을 설레게 했다. 그들은 회사 지하에 수영장을 만들고 오후 4시에 출근해도 괜찮은 기업문화를 만들었다. 명확한 컨셉은 이처럼 '하나의 브랜드' 하면 떠오르는 실제적이고 구체적인 이미지를 만들어 낸다.

이제 카페는 커피를 파는 곳이 아니라 컨셉을 파는 곳이 되었다. 전국에 13만 개가 넘는 카페가 생존을 위해 차별화를 고민한 결과다. 그렇다면 이런 카페의 컨셉은 과연 어디서 올까? 바로 카페를 운영하는 주인의 개성과 취향, 철학과 가치관에서 나온다. 이 말은 아무리 강조해도 지나치지 않는다. 그러니 하나의 브랜드를 만들기 위해 가장 먼저 해야 할 일은 자신의 정체성을 찾는 일이다. 이를 위한 '컨셉휠 concept wheel', 즉 도구와 방법론은 쉽게 찾을 수 있다. 문제는 창업자가 아이템과 입지만큼이나 컨셉의 중요성을 자각하는가이다

컨셉이 필요한 이유는 차별화할 수 있기 때문이다. 다시 말해 수없이 많은 경쟁자들을 물리칠 수 있는 치트키다. 수없이 많은 생수들 가운데 **삼다수**를 찾는 이유는 무엇일까? 소주 시장에서 **참이슬**이 압도적인 선택을 받는 이유는 무엇 때문일까? **아모레퍼시픽**이 **설화수**로 '한방' 화장품 시장을 선점하자 **LG생활건강**은 '궁중'이라는 컨셉으로 맞받아쳐 최후의(적어도 지금까지는) 승자가 되었다. 이처럼 컨셉은 그저 낭만적인 단어가 아니다. 경쟁자의 마지막 숨통을 끊어

놓는 강력한, 그럼에도 결코 따라 할 수 없는 비장의 무기다.

금융시장에서 **현대카드**는 골리앗이 아닌 다윗이었다. 하지만 '컬처'라는 컨셉을 선점하기 위해 돈이 되기는커녕 돈을 쓰는 이벤트와 프로모션을 쉬지 않았다. 슈퍼 콘서트, 슈퍼 매치로 앞서가는 문화인에 필요한 경험을 끊이지 않고 제공했다. 디자인과 음식, 여행과 음악을 모티브로 한 라이브러리를 오픈했다. 힙하고 핫한 문화 정보를 '다이브'란 앱에 모두 담았다. 이제 우리는 **현대카드**를 여느 금융 기업으로 여기지 않는다. 뭘 좀 아는 문화인의 표상으로, 트렌드를 앞서가는 프론티어로 기억한다.

다양한 컬처 프로젝트를 진행하고 있는 현대카드　　　　　　　　(출처 : 현대카드 홈페이지)

우리는 **올리브영**을 만나 인터뷰하면서 실제로 이 컨셉이 작동하는 브랜드의 진면목을 볼 수 있었다. **올리브영**의 핵심역량은 'MD의 편집력'이다. 이것은 소비자들이 뷰티와 헬스에 쏟는 다양한 관심과 노력을 치밀하게 연구한 결과다. 그리고 이를 다시 소비자들에게 전달하기 위해 '루틴'이라는 컨셉을 뽑아냈다. 예뻐지고 건강해지기 위한 일상의 반복되는 리추얼을 '루틴'이란 단어로 압축한 것이다. 컨셉이 선명해지자 '올리브영 가거나 켜거나'라는 매력적인 카피도 뽑아낼 수 있었다. 일상의 루틴을 지키기 위해서는 매장에 가거나 앱을 켜는 행동을 취해야 하기 때문이다.

그렇다면 컨셉은 어떻게 만들 수 있을까? **올리브영**이 그랬던 것처럼 우리가 만드는 제품과 서비스의 '본질'을 재해석하는 것에서 시작된다. 시대의 필요를 읽었다면 이제 거울을 보자. 내가 누구인지 말할 수 있는 나만의 그릇을 빚어보자. 고민의 깊이만큼 컨셉은 정교해진다. 질문이 오래될수록 컨셉의 맛은 깊어진다. 그렇다면 세상에 던지고 싶은 당신의 질문은 무엇인가? 수많은 경쟁자들과 다른 어떤 답을 줄 수 있는가? 이 질문에 답할 수 없는 사람이라면 결코 좋은 브랜드를 만들 수 없을 것이다.

올리브영

일상의 루틴에서 컨셉을 찾아라

Interviewed with

올리브영 염지혜 팀장

Q. 올리브영은 '오프라인 매장과 디지털의 결합'이 가장 중요한 키워드인 것 같아요. 이런 브랜드 전략을 세우기 위해 가장 고민하는 부분은 어떤 걸까요?*

2018년부터 2019년 사이에 큰 위기가 있었어요. 소비자들이 **올리브영**이라는 브랜드를 더 이상 새롭게 인식하지 않게 된 것입니다. H&B 업계의 선두주자로 혜성처럼 등장한 것에 비해 약간의 정체기가 왔다고 해야 할까요? 론칭 초기만 해도 **올리브영**은 2030 고객들에게 굉장히 새로운 경험을 제공하고 있었어요. 그런데 20년의 세월이 지나면서 늘 옆에 있는 일상적인 브랜드가 되어버린 겁니다. 마

---

* 올리브영과의 인터뷰는 2021년 10월에 진행되었다. 현재는 옴니채널 브랜딩 캠페인 시즌 2를 준비 중이다.

치 동네 편의점이나 마트처럼 말이죠.

그래서 전통적인 방식의 브랜드 이미지를 재수립하기 시작했습니다. 브랜드 포지셔닝과 퍼스낼러티를 다시 정리하는 것이었죠. 특히 '올리브영다움'이 무엇인지 고민했습니다. 그 결과 MD는 어떻게 달라져야 하는지, 우리가 제안하는 서비스가 어떻게 달라져야 하는지 알 수 있었죠. 과연 올리브영다운 게 뭔가, 이런 고민을 토대로 4가지 브랜드 퍼스낼러티를 도출했습니다. 브랜드 로고와 CI도 바꾸고, 우리가 바라는 브랜드 페르소나가 누구인지 정의한 후에 **올리브영**이 세상에 존재하는 이유를 전달하는 '날아라 올리브'라는 광고 캠페인도 진행했습니다. 이때 '올 리브 베터 All Live Better'라는 새로운 슬로건도 나왔고요.

Q. 위기일수록 브랜드 컨셉을 명확히 정하는 게 급선무가 아닐까 싶습니다.

코로나 팬데믹이 시작되면서 디지털화가 급격하게 진행되었어요. 또 고객들이 원하는 소비 품목도 완전히 달라졌고요. 뷰티에서 면역력, 그러니까 나의 건강을 챙기는 쪽으로 소비 트렌드가 확실히 바뀌었죠. 다행히 우리는 뷰티와 헬스를 모두 가지고 있어서 그나마 버틸 수 있었어요. 게다가 앱이라는 강력한 무기도 가지고 있었고요. 우리가 코로나 시국에 해야 할 일은 이 2가지 차별화 요소를 소비자들에게 제대로 알리는 일이었습니다.

그래서 진행하게 된 것이 바로 '세상 모든 루틴' 브랜드 캠페인입니다. 우리가 주목한 건 MZ세대들이 일상력을 키우는 방법으로 '루틴 Routine'에 관심을 가진다는 거였어요. 그래서 헬스 부문에서는 '아침에는 유산균, 저녁에는 콜라겐으로 일상에서 힘을 얻자'는 메시지를 전했죠. 브랜드 컨셉을 루틴으로 명확히 한 거죠. 뷰티 부문도 트렌디한 아이템을 지속적인 루틴으로 제안하는 것이었고요.

Q. '올리브영다움'을 찾는 방법들을 다른 데도 적용해 보려면 어떻게 해야 할까요?

우선 RTB Reason to Buy가 명확해야 된다고 생각합니다. 지나치게 추상적이거나 개념에 치우치면 곤란해요. 우리가 가진 무기가 무엇인지를 정확히 알아야 합니다. 그러고 나서 브랜드 컨셉을 명확히 해야 합니다. 지금의 올리브영다움은 우리가 제안하는 '지금의 서비스' '요즘스러운 서비스'라고 할 수 있어요. 디지털화에 집중하면서 '오늘드림'이라는 서비스가 본격적으로 알려지기 시작했습니다. 주문하면 매장에서 3시간 만에 제품을 받을 수 있는 서비스예요. 또 다른 하나는 'MD의 편집력'입니다. 제품의 인-아웃in-out을 빠르게 결정할 수 있는 현장의 실행력이죠.

Q. 'MD의 편집력'이란 구체적으로 무엇을 말하는 건가요?

상품을 진열하는 것 자체가 일종의 종합예술이라고 생각합니다. 특정 브랜드 제품을 입점시키고 판매하는 모든 과정을 관리해야 하니까요. 예를 들어 새로운 브랜드를 매장에 진열하려면 다른 브랜드

MD의 편집력이 돋보이는 올리브영 타운매장 　　　　　　　　　(출처 : 올리브영)

하나를 내려야 합니다. 그때 데이터를 바탕으로 어떤 제품을 인-아웃할지 토론하는 커뮤니티 체계가 사내에 있어요. 진열 선반을 만드는 것부터 어떤 품목을 할인할지, 어떤 제품을 부각할지 결정하는 것까지 모두 중요하죠. 이 모든 과정이 종합예술에 가깝다고 생각해요.

Q. 그 과정이 결코 쉽지 않을 것 같아요.

이런 트렌드 큐레이션이 **올리브영**의 본질적인 힘입니다. 요즘은 소비자들이 **화해** 같은 앱을 통해 다른 사람들의 실제 의견을 듣습니다. 브랜드 측면에서 보면 광고이지만 소비자 리뷰는 정보가 되는 거죠. 사람들은 이런 실제 정보를 더욱 신뢰하고요. 그래서 저희는

'클린 리뷰' 같은 시스템을 강화하고 있습니다. 제품을 구매하는 모든 과정을 트렌디한 경험으로 인식할 수 있도록 돕는 거죠.

Q. '올리브영다움'을 도출하는 나름의 방법론이나 솔루션이 있나요?

앞서 말씀드린 것처럼 그룹 내에 브랜드 포지셔닝 시스템을 정의하는 가이드가 있고, 각 항목들에 대해 어떤 고민을 해야 할지에 대한 가이드라인도 따로 있습니다. 하지만 저는 현안에 집중한 솔루션을 내는 것이 훨씬 더 필요하다고 생각했어요. 그래서 지금 당장우리가 할 수 있는 미션에 기반해 나름의 브랜드 퍼스낼러티 **Brand Personality**를 정의했어요.

Q. 올리브영의 핵심 컨셉은 무엇인가요?

한마디로 '트렌드 큐레이션'입니다. 요즘 유행하는 트렌디한 뷰티를 집대성해서 보여주는 거라고 생각해요. **올리브영**만의 트렌드 큐레이션이 워낙 독보적이기 때문에 고객들이 매장을 찾는다고 봐요. 우리가 큐레이션한 제품이나 서비스는 믿을 수 있다는 인식이 있기에 가능한 작업이고요. 외국 브랜드를 들여오거나 PB제품을 만드는 것도 마찬가지입니다. 그리고 이는 회사의 디지털 역량과도 맞물려 있어요. 빅데이터를 통해 소비자들이 어떤 제품을 원하는지 즉각 알수 있는 시스템이 있거든요.

Q. 어떤 가전 매장에 들어가면 '뭐 사러 왔냐'고 항상 직원이 물어봅니

다. 그게 서비스처럼 여겨지지 않고 불편하게 느껴져서 잘 안 가게 되더라고요.

그 브랜드는 요즘 시대의 서비스를 하고 있지 않은 겁니다. 고객을 불편하게 하고, 심지어 감시당하는 기분을 주니까요. **올리브영**에는 '올영픽'이라는 게 있어요. 매월 진행하는 일종의 프로모션 상품들이죠. 고객들이 매장에 들어섰을 때 바로 보이는 '곤도라'라고 불리는 매대가 있는데, 여기에 매월 가장 알리고 싶은 제품들을 진열하고 있어요. 일종의 오프라인 큐레이션인 셈이죠. 이런 노력이 반복되다 보니 시간이 지날수록 '올영픽'에 대한 일종의 신뢰가 만들어지더군요. 우리의 진열하는 방식도 계속 진화하고 있고요. 그리고 지금은 이런 올영픽을 온라인화하는 작업도 하고 있습니다. 내가 관심을 가졌던 제품, 함께 사면 좋은 제품들을 제안하는 거죠.

Q. 올리브영은 디지털 인력 확충이나 투자에서도 굉장히 앞서가고 있다고 들었습니다. 올리브영다움을 디지털에서는 어떻게 전달하는지 궁금합니다.

2021년에 진행했던 브랜딩 캠페인은 우리가 가진 툴과 역량을 모두 종합해서 나온 결과물이에요. 이를 바탕으로 TV CF를 통해 메시지를 던지고, 디지털 채널을 통해서는 좀 더 다양하고 세분화된 메시지를 전달합니다. 그다음에는 제품의 실체를 경험하는 과정이 필요하다고 생각해요. 그래서 만든 슬로건이 '세상 모든 루틴, 올리브영'이에요. '헬스도 뷰티도 올리브영이야' '어서 와서 경험해' '여

올리브영 매장 & '가거나 켜거나' 앱 (출처 : 올리브영)

긴 네가 갖고 싶은 루틴이 모두 다 있어'. 그리고 이것을 경험하려면 2가지 방법밖에 없어요. '올리브영 가거나 켜거나'인 거죠.

Q. 솔루션을 아예 카피와 슬로건에 명시한 거군요.

그저 읽고 지나가는 광고 카피가 아니라 상품 구매 경험을 캠페인 경험으로 연결하는 작업이 필요했습니다. **올리브영** 매장에 가거나, 앱에서 주문하면 3시간 만에 제품이 배송되는 놀라운 경험을 할 수 있으니까요. **올리브영**에 이렇게 트렌디한 큐레이션이 많다는 사실을 알리고, 제품에 대한 좋은 리뷰들을 모두 볼 수 있다는 사실을 알리는 거죠. 이런 경험을 하려면 일단 제품을 구매해야 하기 때문에 모든 광고를 앱으로 연결했습니다. 또 우리가 가진 최고의 무기인 매장을 통해 메시지를 전달했고요.

Q. 브랜드와 마케팅에 대한 인사이트나 아이디어는 어디에서 얻나요?

사례 조사를 많이 하는 편입니다. 회사 내부에서 자체적으로 트렌드 리포트를 발행하고 있어요. 업계 트렌드 및 동향, 신규 브랜드들에서 인-아웃되는 정보들을 스텝 부서들이 모두 함께 공유하는 것은 물론이고요. 어찌보면 **올리브영**의 모든 조직은 업계 동향과 사례조사를 통해 우리에게 맞는 마케팅을 고민하고 테스트하는 곳이죠. 회사 정책에서 좋은 점은 새롭고 다양한 시도에 대해 오픈되어 있다는 점입니다. 새로운 시도에 대해 회사에서 승인을 하고 추진하기로 했다면 결과가 기대에 못미치더라도 복기에 의해 수정하는 과정을 통해 경험으로 만들고 있어요. 이는 다른 업무를 추진할 때 전략이나 실행 방향을 잡는 데 있어 많은 도움이 됩니다.

Q. 새로운 시도을 할 때 리뷰와 복기를 많이 하는 편인가요?

결과에 대한 리뷰가 아닌 과정에 대한 리뷰를 주로 합니다. 그래야 왜 이런 선택을 했는지, 바꿀 점은 무엇인지 알 수 있으니까요. 잘되면 잘된 대로, 잘 안 되면 안 된 대로 어떤 러닝포인트가 있는지 모두 숙지하고 다음 플랜까지 세우는 것이 하나의 캠페인을 마무리하는 방식이에요. MD들도 제품을 인-아웃할 때 그런 복기의 과정을 철저히 지킵니다. 자신의 이름이 적힌 평가서에는 매출을 포함해 다양한 지표가 성적표처럼 공유됩니다. 경쟁을 할 수밖에 없지만 상대적으로 많은 권한이 주어지는 편이에요.

Q. 최근에 경험한 인상 깊었던 브랜드가 있을까요?

시몬스가 가장 먼저 생각납니다. 일단 광고부터 남다르다고 생각해요. 2년째 같은 컨셉으로 광고를 하는데도 매번 새롭죠. 시몬스 그로서리 스토어도 인상적이고요. **곰표맥주**처럼 이질적인 것들을 연결한 콜라보도 재미있습니다. 예능 프로그램도 진화하고 있는 것 같아요. '채널십오야' '네고왕' 등의 콘텐츠들이 꽃을 피우고 있는데, 이런 브랜딩 작업들이 너무 재미있어요. 그리고 〈슬기로운 의사생활〉 같은 드라마는 PPL조차 너무 자연스럽게 풀어내거든요. 유재석이 나온 **갤럭시** 광고도 인상적이었고요.

Q. 브랜드전략팀에서 신입사원을 뽑을 때는 어떤 역량을 주로 보나요?

업의 전문성은 무조건 가지고 있어야 합니다. 자신의 포지션에 최적화된 업무수행 경험이나 능력을 증명할 수 있어야 해요. 신입사원이라면 인턴십이라든가 수상 경력이 있어야 하고요. 무엇보다 자신의 업에 대한 관심이 많아야 한다고 생각합니다. 특히 브랜드전략팀은 각각의 부서들과 서로 유기적으로 맞물려 돌아가는 작업들을 주로 하기 때문에 모든 과정을 알고 있어야 해요.

또 한 가지, 덕후력도 중요합니다. 예전에 **푸드빌**에서 일했는데, 외식을 정말 좋아하는 사람들이 모인 곳이었어요. 저는 와인이든 아이돌 그룹이든 뭐 하나에 꽂혀서 좋아하는 게 있어야 한다고 생각해요. 본인만이 가질 수 있는 인사이트가 있어야 해요. 그런 걸 제시하는 능력까지 있다면 금상첨화겠죠.

Q. 올리브영의 경쟁상대는 누구이며, 이들과 경쟁하기 위해 어떤 노력을 하고 있나요?

최근 들어 위기의식을 가지고 시장을 보고 있습니다. 경쟁상대가 달라지고 있거든요. 예전에는 **롭스**와 **랄라블라**가 오프라인 H&B 시장의 경쟁자였어요. 제가 2019년 입사했을 때는 '편의점을 경쟁상대로 삼아야 한다'는 이야기도 있었어요. 하지만 지금은 **네이버**와 **쿠팡**이 진짜 경쟁자입니다.

그래서 우리는 지금까지 쌓아왔던 오프라인 브랜드의 DNA를 갈아엎는 구조로 혁신하고 있습니다. '오늘드림' 서비스가 가능할 수 있었던 것도 기존과 다른 방법으로 매장을 활용하기 때문입니다. 매장을 물류창고로 활용하는 거죠. 물론 여러 가지 어려운 점이 있지

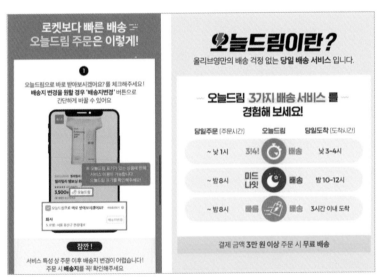

올리브영만의 배송 걱정 없는 당일배송 서비스 '오늘드림'　　　　(출처 : 올리브영)

만 이런 한계들을 넘어 만족스러운 배송 시스템을 만들기 위해 치열하게 고민하고 있습니다.

Q. 아무리 네이버라 해도 올리브영이 가지고 있는, H&B 제품에 관한 큐레이션 능력은 따라갈 수 없을 것 같은데요.

네이버나 **카카오톡**은 누구나 봅니다. 그래서 어떤 브랜드는 사활을 걸고 이런 포털 서비스에 올인하죠. 그렇게라도 눈에 띄면 검색하고 구매가 일어나니까요. 최저가 검색이 가능하기도 하고요. 하지만 무엇보다 제품에 가치를 얹어 팔 수 있어야 합니다. 지금 필요한 것은 시장을 다르게 해석하는 능력이에요. 그것이야말로 **올리브영**의 차별화 요소이기도 하죠. 예를 들어 오늘드림 서비스를 통해 3시간 만에 배송하는 것은 조금이라도 더 빨리 받고 싶은 욕구를 채워주기 위한 겁니다. 전국 1,200여 개 매장을 물류거점으로 활용해 매장에서 직접 배송하는 시스템은 **올리브영**이기 때문에 가능한 시도였습니다. 우리가 가진 자원을 활용해 시장에 어떤 가치를 줄 수 있는가에 대한 고민이 실현된 거죠.

Q. 쿠팡의 로켓배송이 생각나네요. 한국 사람들의 조급한 심리에 맞춰 어마어마한 적자를 감수하면서 로켓배송이 가능한 물류 시스템을 만들었잖아요.

쿠팡은 물론 **마켓컬리**도 이런 니즈를 파악하고 새벽 배송의 리더 업체가 되었습니다. 때로는 박스가 너무 많이 와서 불편한 점도 있었어요. 그런데 최근에는 컬리 박스를 만들어 내가 직접 장을 본 것처럼 담아주더라고요. 이런 서비스에서 많은 영감을 얻습니다. '올 리브 베터'라는 슬로건도, 좀 더 나은 선택이라는 믿음을 주기 위한 메시지라고 할 수 있어요.

Q. 올리브영의 주 타깃은 누구인가요?

25~34세대입니다. 다른 브랜드들이 데모가 아닌 라이프 스타일, 니즈에 기반해 타깃팅하는 것과는 다르다고 생각될 수 있는데, 이 연령대가 라이프 사이클로 봤을 때 피부에 대한 새로운 시도나 고민이 가장 많은 나이거든요. 이 연령대의 고객들은 본인의 니즈가 확고한 편이에요. 주름이라든지, 미백이라든지 목적이 분명한 편이죠. 이런 고민을 하는 분들에게 **올리브영**이 늘 답이 되도록 하는 것이 우리가 할 일입니다. 직업이나 성별을 떠나 뷰티를 통한 자기관리에 진심인 사람들이 우리 브랜드의 페르소나라고 할 수 있어요.

Q. 다른 브랜드와 달리 편집숍 형태이기 때문에 아이덴티티를 도출하기가 상대적으로 어렵지 않았을까요?

현대카드의 다이브가 좋은 사례입니다. **현대카드**로 살 수 있는 취향과 소비생활에 대한 큐레이션을 제안하고 있으니까요. **올리브영**은 루틴에서 답을 찾긴 했지만 뭘 살지 모르는 소비자들에게 그때그때 맞는 답을 찾아주는 것이 경쟁력이라고 생각합니다. 화장품 브랜드를 파는 것이 아니라 뷰티라는 라이프 스타일을 제안하는 것이죠.

Q. 요즘은 거의 대부분이 라이프 스타일을 판다고 합니다. 그런데 무슨 말인지 잘 모르는 분들도 많은 것 같아요.

고객 스스로 일상을 건강하고 아름답게 가꾸는 상품을 제안하는 것이 우리 업의 본질입니다. **올리브영**도 같은 방식으로 제품들을 판매하고 있어요. 상품을 통해 라이프 스타일을 제안하는 방식은 '필요를 채워주는 것'과 '욕구를 채워주는 것' 이렇게 2가지에요. 자신이 무엇을 원하는지 모르고 매장이나 앱을 방문한 사람들에게 발견의 재미를 통해 새로운 필요를 제안하는 겁니다. **올리브영**은 고객의 이런 필요와 영감을 채워주기 위해 끊임없이 고민하며 진화하는 브랜드이고, 앞으로도 고객들의 일상에 늘 존재하도록 노력할 것입니다.

〈올리브영〉 브랜딩 프로세스

1 │ 브랜드 컨셉휠

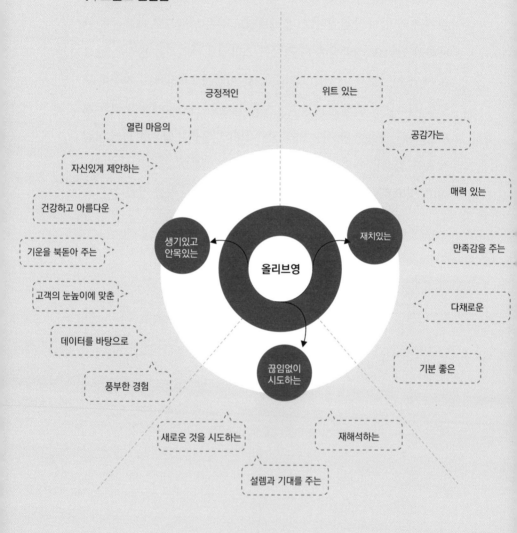

2 | 업의 재정의

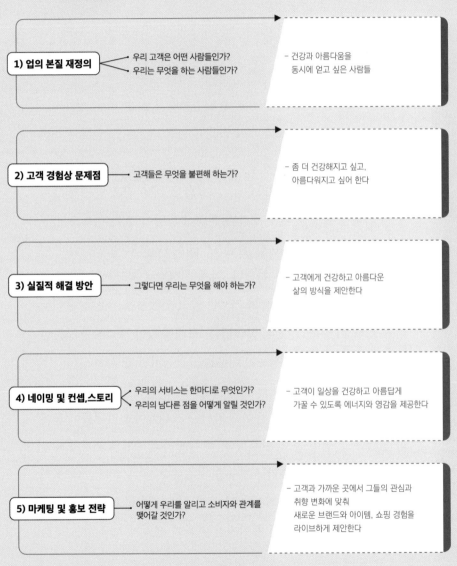

1) 업의 본질 재정의 → 우리 고객은 어떤 사람들인가? / 우리는 무엇을 하는 사람들인가?
- 건강과 아름다움을 동시에 얻고 싶은 사람들

2) 고객 경험상 문제점 → 고객들은 무엇을 불편해 하는가?
- 좀 더 건강해지고 싶고, 아름다워지고 싶어 한다

3) 실질적 해결 방안 → 그렇다면 우리는 무엇을 해야 하는가?
- 고객에게 건강하고 아름다운 삶의 방식을 제안한다

4) 네이밍 및 컨셉, 스토리 → 우리의 서비스는 한마디로 무엇인가? / 우리의 남다른 점을 어떻게 알릴 것인가?
- 고객이 일상을 건강하고 아름답게 가꿀 수 있도록 에너지와 영감을 제공한다

5) 마케팅 및 홍보 전략 → 어떻게 우리를 알리고 소비자와 관계를 맺어갈 것인가?
- 고객과 가까운 곳에서 그들의 관심과 취향 변화에 맞춰 새로운 브랜드와 아이템, 쇼핑 경험을 라이브하게 제안한다

컨셉 Concept
•

Brand in Concept 카페 진정성

카페 이름이 **진정성**이라니…. 지인의 소개로 김포 인근의 그림 같은 카페를 찾았을 때는 호감과 의심이 반반이었다. '이름은 멋진데 잘될까?' '상표 등록은 한 것일까?' 평범하면서도 익숙한 카페 이름을 곱씹으며 카페에 도착했다. 카페는 생각보다 규모가 꽤 컸다. '밀크티'로 유명하다는 정도의 정보는 알고 있었지만 이곳이 왜 이토록 유명해졌는지는 여전히 궁금했다. 카페에 앉아 밀크티를 주문한 후 검색을 통해 카페와 관련된 내용들을 찬찬히 찾아보았다.

카페 주인인 김정온 대표는 어머니로부터 카페를 물려받았다. 그런데 바로 옆에는 이름만 들어도 알만한 프랜차이즈 카페들이 들어와 있었다. 손님이 들 리 만무했다. 하지만 카페 주인은 포기하지 않았다. 이름에 걸맞게 유기농 제품을 고집했다. 좋은 원두로 내린 커피를 저렴한 가격으로 팔며, 정성 들여 만든 밀크티를 대접하는 것만으로도 행복했다. 그러자 적지만 팬들이 생기기 시작했다. 특히

이름에 걸맞게 유기농 재료만 사용하는 카페 '진정성'　　　　　　　(출처 : cafejinjungsung.com)

30~40대 엄마들이 많은 관심과 사랑을 보내주었고, 카페를 아끼는 사람들이 점점 많아졌다. 하지만 대형 프랜차이즈 카페와 싸워 이기는 건 여전히 쉽지 않았다. 2016년 4월, 고심 끝에 두 번째 카페를 연 곳이 바로 지금의 **카페 진정성**의 시작이었다.

　첫날 매출은 고작 커피 두 잔이었다. 하지만 넉 달 만에 월 매출 1억 원을 넘어섰고, 카페 주인은 이때부터 '이름답게' 카페를 운영하기로 마음먹었다. 진정성 있는 카페를 만들고 싶었다. 일반적인 프랜차이즈에서 만드는 밀크티는 보통 탈지분유로 만든다. 대만과 동남아에서는 신선한 우유를 구하는 게 어려워 탈지분유로 만들기도 한다. 하지만 이름이 밀크티인 만큼 진짜 우유를 써보기로 하고, 콜드브루 방식으로 찻잎을 우려내는데 성공했다. 우유는 물론 **범산목장**의 좋은 우유만을 썼다. 이 모두가 이름에 걸맞는 밀크티를 만들기 위해서였다. 단골손님 위주로 반응이 좋자, 테이크아웃 손님을 위해 유리병에 밀크티를 담아 팔았다.

그런데 어느 날 사고가 터졌다. **마켓컬리**를 통해 판매한 밀크티 제품의 병뚜껑에서 진갈색 물질이 발견된 것이다. 고객들에게 두 차례에 걸쳐 장문의 편지를 쓰며 밀크티의 유통과정과 이물질의 발견 과정, 대응이 늦었던 이유를 자세히 설명했다. 다행히 검사 결과 발견된 이물질은 홍차와 우유의 성분이 응고된 것으로 밝혀졌다. 이후 관련 공정을 강화하고, 밀크티의 제조과정을 모두 사진으로 찍어 SNS에 공유했다. 그러자 처음에는 실망하던 고객들이 얼마 뒤엔 진정성이 보인다며 응원을 하기 시작했다. 비로소 **카페 진정성**이 그

진정성의 대표 메뉴인 짜이 밀크티　　　　　　　(출처 : 인스타그램 @cafe_jinjungsung)

이름에 걸맞는 가치를 얻게 된 순간이었다.

    컨셉이란 무엇일까? 브랜드가 지향하는 가치를 압축해서 보여주는 것이다. 아울러 그 브랜드의 방향성을 제시하기도 한다. 그런 의미에서 **진정성**이란 이름은 이 카페의 컨셉을 선명하게 보여주고 있다. '진정성'이란 말을 사전에서 찾아보니 두 가지의 뜻이 있었다. 첫 번째 뜻은 진실하고 참된 성질이다. 또 다른 뜻은 참되고 올바른 성질이나 특성이라고 적혀 있다. 비로소 고개가 끄덕여졌다. 일련의 사건을 통해 **카페 진정성**은 그들의 '진정성'을 소비자들에게 있는 그대로 보여주고 있었기 때문이다.

    카페 진정성은 컨셉이 명확한 카페다. 이름 때문만은 아니다. 그 이름이 지닌 가치를 세상에 천명하기 위해 노력했기 때문이다. 사람들은 제품과 서비스에 쉽게 자신의 마음을 내주지 않는다. 하지만 한 번 마음을 주면 응원하기 시작한다. 자신의 선택이 맞다는 것을 확인하고 싶은 본능이 있기 때문이다. 이름이나 로고, 카피로 컨셉을 표현하는 일은 상대적으로 쉬운 일이다. 하지만 그 컨셉에 맞는 브랜드로 만들어 가는 일은 시간이 필요한 법이다. 마치 오랜 시간 숙성시켜야만 제맛을 내는 밀크티처럼 말이다. **카페 진정성**은 이러한 컨셉을 만들어 가는 일이 얼마나 중요하고 어려운 일인지를 보여주는 좋은 사례다.

Chapter 3

네이밍

Naming

2021년, **CJ오쇼핑**은 **CJ온스타일**로 이름을 바꾸었다. 회사 내부의 반발이 만만치 않았다. 하지만 이 결정은 단순히 브랜드 이름을 바꾸는 것만을 의미하지 않았다. 홈쇼핑에 치우친 비즈니스 모델에서 벗어나려는 오랜 고민의 결과였다. 가장 큰 이유는 시장이 변하고 소비자가 달라졌기 때문이다. 당장은 1등 홈쇼핑으로 승승장구하고 있었지만 다음 단계를 고민해야 했다. 그 결과 **CJ온스타일**은 차별화된 앱 서비스를 통해 과거의 영광을 이어오고 있다.

빵집 **밀도**도 네이밍의 좋은 사례이다. **밀도**의 '밀'은 빵의 재료인 밀과 더불어 식사를 뜻하는 영어 밀 meal 을 의미하기도 한다. 용인에서 풀 베이커리를 운영하며 나름 명성을 얻고 있던 **시오코나**의 셰프는 어느 날 100여 종이 넘는 다양한 빵을 만드는 일에 회의가 들었다. 그리고 만일 단 하나의 빵을 만든다면 무엇을 만들까 고민하던 끝에 선택한 것이 바로 식빵이었다. 좋은 식빵을 통해 한국의 고품질 식사빵을 만들어야겠다는 확신이 들자 그는 바로 실행에 옮겼다.

그 첫 번째 빵집이 바로 서울숲역 인근의 **밀도**였다. **밀도**란 이름이 의미 있는 이유는 바로 이러한 스토리 때문이다.

그렇다면 **밀도**의 '도'는 어떤 의미일까? 바로 온도와 습도의 조율을 말한다. 맛있는 식빵을 굽기 위해서는 재료뿐 아니라 모든 과정에서의 세심함이 필요한데, 이 빵집의 셰프는 그중 가장 중요한 것이 온도와 습도라고 생각했다. 그렇게 가장 기본에 충실한 순간순간이 모여 구워진 맛있는 식빵이 고객들의 식탁에 놓이길 바라는 마음으로 온도와 습도를 의미하는 '도'를 붙였다. 이렇게 풍부하고 중의적인 의미를 가진 **밀도**라는 이름이 탄생했다.

이처럼 좋은 네이밍이란 단순히 멋지고 화려한 이름을 찾는 과정을 훨씬 넘어서는 고민의 결과이다.

식빵이 맛있는 온도, '밀도' 성수점. 알파벳 첫 글자 M은 식빵의 모양을 따랐다. (출처 : 인스타그램 @meal_do)

그렇다면 좋은 이름을 만들기 위해서는 어떤 고민을 해야 하는 걸까? 여러 가지 기준이 있겠지만 여기서는 3가지 정도로 정리해 보았다. '제품과 서비스의 특징' '브랜드 철학' 그리고 '규칙 없음의 규칙'이다. **밀도**는 제품의 특징과 철학을 동시에 담았다는 점에서 더욱 매력 있는 이름이다. 이 이름이 어떻게 탄생했는지는 알 수 없다. 어느 날 번개처럼 아이디어가 떠올랐을 수도 있고, 오랜 고민 끝에 하나하나 조각을 맞춘 결과일 수도 있다.

좋은 이름이란 부르기 쉬워야 한다. 어떤 가게인지 호기심을 불러일으키는 것도 나쁘지 않다. '반드시'는 아니어도 브랜드의 특징과 의미를 담을 수 있다면 금상첨화다. 하지만 부르기 쉬운 이름은 필요조건일 수는 있어도 필요충분조건은 아니다. 목동에 있는 한 수학 학원은 이름을 **아드폰테스**로 지었다. '본질로 돌아가자 ad fontes'는 좋은 의미지만 주변 사람들은 부르기 어렵다는 이유로 모두 만류했다. 그럼에도 학원은 승승장구를 계속해 서너 개의 지점을 운영하고 있다. 이름은 이 학원의 성장에 아주 작은 장애일 뿐이었다.

신혼부부의 사랑을 듬뿍 받는 **발뮤다**는 별다른 뜻이 없다. 독일스러움 가득한 **하겐다즈**는 사전에 없는 단어다. 많은 이들이 **BTS**의 뜻이 어디서 기인한 것인지 알면서도 'Burn The Stage'라는 새로운 의미 부여에 거부감을 느끼지 않는다. 의미와 가치는 부여하는 것이다. 요즘 가장 핫한 패션 브랜드의 이름은 디자이너의 한글 이름을 그대로 옮긴 **강혁**이다. 이처럼 이름에서 중요한 것은 우리가 그 이름을 얼마나 사랑하게 되는가에 달려 있을 뿐이다.

———

29CM란 이름의 뜻을 처음 알았을 때 무릎을 쳤다. 사람과 사람이 만나 가장 설레는 거리가 29센티미터라는 것이다. 이런 천재적인 네이밍을 한 사람이 누구일까 궁금했다. 이 이름이 의미 있는 것은 그저 좋은 네이밍에만 그치지 않았기 때문이다. 이들은 물건을 파는 방식과 웹사이트 및 모바일의 UI, 그리고 상품 소개페이지에 이르기까지 일관성을 유지하고 있었다. 그저 제품의 스펙과 장점만을 나열한 오픈마켓에 지친 우리에게 마치 잘 차려진 일식집 메뉴를 보여주는 것 같은 정갈함에 마음이 더욱 끌렸다.

29CM에 대한 신뢰가 더욱 굳어진 것은 그 회사의 카피라이터가 쓴 한 권의 책 때문이다. 그녀는 제품을 소개하는 하나의 카피를 완성하기 위해 수많은 책을 읽는다고 했다. 그중 특히 소설을 많이 읽는다고 한다. 평소 소설을 읽다 공감이 되는 부분들을 밑줄을 그어 모아둔 후 그 소설 속 문장을 활용해 카피를 쓴다는 것이다. 나는 그제서야 이 브랜드에 왜 그렇게 끌렸는지 이유를 알 수 있었다. 특유의 감수성과 매력적인 카피가 어떻게 해서 나왔는지 알고 나니 이 브랜드가 더욱 좋아졌다.

인류 전체를 통틀어 인간을 가장 잘 이해할뿐더러, 그 사실을 가장 잘 전달할 수 있는 직업이 소설가라고 생각한다. 김애란도 그런 작가다. 그가 크리스마스를 치르기(?) 위해 애쓰는 연인들의 이야기를 다룬 단편을 읽다 보면 요즘 세대들의 라이프 스타일을 가감 없이 엿볼 수 있다. 편의점에 대한 묘사를 보면 웬만한 시장조사 전문가 저리 가라 할 정도의 집요한 관찰력이 느껴진다. 자신이 무엇을 사는지를 통해, 어떤 쓰레기를 내놓는지를 통해 자신이 누구인지를 알까 봐 고민하는 장면을 읽을 때는 소름이 끼쳤다.

———

좋은 네이밍, 슬로건, 카피, 그리고 상세페이지는 바로 이런 집요한 문제의식과 관찰에서 나온다. 멋진 이름, 튀는 이름을 짓기는 오히려 쉽다. 하지만 특정 브랜드의 아이덴티티를 제대로 이해하고 이를 일관성 있게 표현하는 것은 어려움을 넘어 난해한 일이다. 카피라이터의 수명이 그토록 짧은 것도 이해할 만하다. 이것은 지식의 문제가 아니라 감각의 문제다. 트렌드의 문제가 아니라 경험의 영역이다. 인문학적 소양을 넘어선 세대를 꿰뚫는 관찰력이 필요하다. **마켓컬리**에 스무 명이 넘는 작가들이 존재하는 이유도 바로 그 때문이 아닐까?

CJ ONSTYLE

CJ온스타일

그들은 왜 그 좋은 이름을 바꾸었을까?

Interviewed with

**CJ ENM 커머스부문 브랜드커뮤니케이션팀
노미혜 팀장**

Q. 2009년 CJ홈쇼핑에서 CJ오쇼핑으로 이름을 바꿨는데, 당시 어떤 이유가 있었나요?

더현대서울이 이름에서 '백화점'을 버린 것처럼, 저희는 십수 년 전인 2009년도에 '홈쇼핑'을 버렸어요. 막상 바꾸고 나니 오쇼핑이 뭐냐, 어떤 사람은 옷 쇼핑이냐 등 온갖 부정적인 반응들이 쏟아졌죠. 하지만 결과적으로 성공한 브랜딩이었어요. 당시만 해도 홈쇼핑에 대한 편견이 많았거든요. 제품을 신뢰할 수 없고, 대량생산으로 싸게 파는 기업이라는 인식이 팽배했으니까요. 다행히 우리는 바뀐 이름에 걸맞게 품질을 바탕으로 좋은 브랜드를 기획하고 발굴하기 위해 노력했습니다. 소비자와의 신뢰를 강화하기 위해 '신뢰 구축 **trust building**'이라는 가치로 내실을 다졌죠. 브랜드명에서 '홈쇼핑'을 떼어버린 것도 바로 그 때문입니다.

Q. 이제 많은 사람들이 이른바 '본방 사수'를 하지 않습니다. 이런 상황에서 홈쇼핑의 영향력이 예전 같지 않을 텐데요?

맞습니다. 아이들은 이제 유튜브를 더 많이 보는 게 현실이에요. 어른들은 넷플릭스, 왓챠, 티빙을 보고요. 모바일만 보니 TV에서 채널을 이리저리 돌리는 재핑도 함께 사라졌어요. 사람들은 이제 자신이 보고 싶은 영화나 드라마 하나만 고정해서 봅니다. 이것은 홈쇼핑에 어마어마한 위기 요소죠. 그런데 우리는 그동안 사람들이 보지도 않는 SO(종합유선방송)에 어마어마한 임대료를 내고 있었어요. 몇천억 원의 임대료를 내고 있는데 사람들은 더 이상 TV를 보지 않아요. 그래서 이름뿐 아니라 비즈니스 모델 전체를 혁신해야 했습니다.

하지만 문제가 있었습니다. 홈쇼핑이 너무 잘되고 있었다는 거예요. 내부에서도 '몇천억 원씩 영업이익을 내고 있는데, 왜 바꿔야 하지?'라는 불만이 많았죠. 그래서 변화하기 쉽지 않았어요. '모바일로 바꿔야 한다' '투자해야 한다'는 것을 알면서도 말이에요. 일단 TV로 돈을 벌고 있었던 데다 2020년에도 코로나19로 인해 홈쇼핑은 오히려 호황기였죠. 사회적 거리두기로 사람들이 집에만 있다 보니 홈쇼핑의 실적이 오히려 더 좋아지기까지 했어요.

Q. 브랜드 이름을 바꾼다는 것은 정말 어려운 결정이었을 것 같아요.

2020년 하반기에 **CJ온스타일**로 이름을 바꿀 예정이었는데, 내부적으로 반대가 너무 많았어요. **CJ몰**이라는 좋은 이름을 왜 버리냐는 반응이었죠. 이름만 바꾸는 것이 아니라 모바일 퍼스트로 비즈니스를 개편한다고 설득했지만 쉽지 않았어요. 사실 홈쇼핑 채널이 광고를 많이 안 하는 이유가 있습니다. 브랜딩이 별로 중요하다고 생각하지 않기 때문이에요. 고객들조차 자신이 CJ에서 샀는지, GS에서 샀는지, 롯데에서 샀는지 모르는 경우가 많거든요.

하지만 저희는 오히려 그렇기 때문에 브랜딩이 더 필요하다고 생각했어요. 우수고객들은 CJ랑 GS랑 성향이 달라요. GS가 종합몰 같은 느낌이라면 CJ는 트렌디한 맞춤형 브랜드를 선호합니다. 이를 발판 삼아 좀 더 젊고 트렌디한 고객들에게 맞추고 싶었어요. 홈쇼핑은 우리가 부동의 1위지만 전체 매출액은 오히려 GS가 1등이에요. **CJ몰**이 전체 쇼핑 앱 중 11등이었어요.

그 당시 고객의 평균 쇼핑 앱 다운로드 개수가 6개인데, **쿠팡, 11번가, G마켓, 위메프, GS샵, SSG** 중 하나가 되는 것을 목표로 삼았습니다. 하지만 우리 포지셔닝은 그들과 경쟁하는 게 아니었어요. 특화된 시장이 목표였죠. 그래서 특화된 패션, 리빙, 뷰티로 포지셔닝을 했습니다. 생필품은 당연히 **쿠팡**에서 검색하고 구매할 겁니다. 하지만 옷은 **쿠팡**에서 사기가 좀 어색하지 않나요? 주로 인스타그램에서 패션 트렌드를 검색하고 소비하기도 하죠. 하지만 인스타그램은 상대적으로 품질과 AS에서 신뢰도가 떨어져요. 우리가 공략하고자 하는 시장이 딱 이런 사람들이었어요.

2021년 5월, **CJ온스타일**로 이름을 바꾸면서 서비스도 함께 개편했습니다. 좀 더 생동감 있는 쇼핑 경험을 주고 싶었죠. 사람들은 인스타그램을 보면서 인플루언서들이 뭘 입고 있는지 눈여겨보고 그 브랜드를 삽니다. 우리는 **CJ온스타일**을 인스타그램 하듯이 봐줬으면 했어요. 우리 앱을 통해 요즘 트렌드가 뭔지, 신상이 뭔지를 아는 것이죠. 그들의 라이프 스타일에 도움을 주는 쇼핑 앱이 되고 싶었어요. 그래서 이름도 '라이프 스타일STYLE을 깨우다ON'의 의미를 가지고 있는 **CJ온스타일**CJ ONSTYLE로 변경했습니다.

Q. 일종의 브랜드 경험을 제공하는 셈이네요.

결국 쇼핑이란 것이 사람이 하는 일이기에 우리는 고객의 취향을 분석하는 것을 넘어서 고객의 라이프 스타일에 공감하기로 했습니다. **CJ온스타일** 앱이 단순히 구매만 하는 플랫폼이 아닌 쇼핑 그 자체로 색다른 즐거움을 얻을 수 있도록, 판매자와 소비자 사이 그 이상의 친밀함과 감동을 줄 수 있도록 UI/UX적으로 새로운 쇼핑 경험을 제공하고 싶었어요. 가장 먼저 보이는 게 디자인이잖아요. 그래서 트렌디한 인스파이어링 퍼플Inspiring purple과 바이브런트 라임Vibrant Lime 컬러를 쓰고, 로고 폰트는 POPPINS에 오블리크 셰이프Oblique Shape를 썼어요. 그리고 브랜드의 페르소나는 친근한 느낌을 주기 위해 부드러운 카리스마를 가지고 있는 ENFJ로 잡고 친구 같이 편안하면서 위트가 있는 보이스 톤앤매너Tone & Manner를 잡았어요. '오늘 좋은 하루 보내세요' '오늘 하루 어떠셨나요' 이런 식으로 살짝 말을 걸어주는 느낌으로 말이죠.

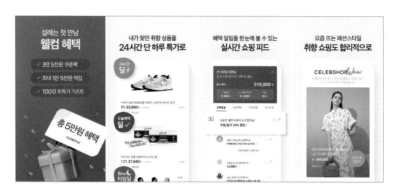

인스파이어링 퍼플과 바이브런트 라임 컬러를 이용한 CJ온스타일 앱 (출처 : 구글 플레이스토어)

Q. 스마트폰 앱에서도 이런 차별화가 가능하다니 놀랍습니다.

그렇죠. 어쨌든 고객들이 쇼핑을 하게 만들어야 합니다. 결국 사업은 돈을 벌어야 하니까요. '카테고리에 전문성을 입혀야겠다'고 생각했습니다. 그래서 패션, 뷰티, 리빙에 특화된 플래그십 스토어로 내부 브랜딩을 시작했죠.

패션은 **셀렙샵**, 뷰티는 **더뷰티**, 리빙은 **올리브마켓**이라는 플래그십 스토어를 몰인몰 mall in mall 처럼 만들었습니다. 그렇다고 해서 생필품을 안 파는 것은 아니지만, 새로운 외투를 사야 할 때 생각나는 앱을 만들고자 했어요. 카테고리 전문 플래그십 스토어가 한 축이고, 나머지 한 축은 우리가 제일 잘하는 홈쇼핑 브랜드의 경쟁력과 콘텐츠 크리에이션 역량을 살려서 모바일 중심의 라이브 방송을 확장하고자 했습니다.

Q. TV와 스마트폰 앱의 가장 다른 점은 무엇인가요?

TV는 일방적인 데 반해 라이브 쇼핑은 소통입니다. 생방송 중에도 댓글을 달면 대답하는 방식으로 서로 대화를 나누죠. 우리의 방송 역량, 엔터테인먼트 역량, 쇼호스트의 멘트는 누구도 따라올 수 없어요. 지난 26년간 홈쇼핑 1등 자리를 지켜온 역량이 축적돼 있기 때문이죠. 그래서 우리의 핵심역량을 라이브 쇼핑에 집중적으로 투자하고 있어요. 사람들이 라이브 방송을 보는 이유는 단순합니다. 내가 대답하면 바로 대응하니까요. 실제로 눈앞에서 팔고 있는 것 같죠. 홈쇼핑은 상대적으로 좀 멀어 보이죠. 그런 경험이 좋아서 라이브 쇼핑을 찾는 겁니다.

그런데 라이브 방송은 오픈마켓처럼 아무나 할 수 있어요. 동대문에서 옷 파는 사장님도 라이브 방송을 하죠. 문제는 가격이 저렴해서든 뭐든 일단 팔고 나면 책임을 안 진다는 겁니다. 하지만 우리는 끝까지 책임집니다. 모든 브랜드에 담당 쇼호스트가 있으니까요. 모든 셀러들의 이력을 보유하고 있기 때문에 이전에 샀던 제품에 대해서도 물어볼 수 있어요. 다른 라이브 방송은 1만 명이 보지만 200명 정도가 구매합니다. 하지만 우리는 1,000명이 봐도 500명 정도가 삽니다. 구매전환율 자체가 다른 거죠. 전문 셀러가 판매한다는 것이 차별점이에요. 이 부분을 특화해서 믿고 보는 라이브 쇼핑이라는 테마로 '모바일 라이브도 해, 온스타일'이라는 2차 캠페인도 했어요.

Q. CJ온스타일의 주 타깃은 누구인가요?

취향이 있는 35~54세가 주요 타깃인데, 크게 두 부류로 나눌 수 있어요. 누군가의 엄마이자 아내, 딸로 불리지만 온전한 나 자신으로 살고 싶은 밀레니얼 맘, 그리고 새로운 시도를 두려워하지 않는 X세대입니다. **더현대서울**은 MZ세대로 완전히 돌아섰지만 우리는 기존 고객이 1,200만 명이에요. 이 부분을 경쟁력으로 삼아 **CJ온스타일**로 개편할 때 타깃도 다시 정의했습니다.

하지만 이 고객들을 24시간 정해진 TV홈쇼핑에만 머무르게 해서는 안 됩니다. 우리 앱에 묶어두는 **lock-in** 작업이 필요했어요. 취향이 반영된 상품을 소싱 **sourcing** 해서 보여줄 테니 우리 앱을 이용하라는 거죠. **CJ온스타일**에서 자체 개발한 PB **Private Brand** 나 LB **Licensed Brand** 는 백화점 대비 품질이 좋으면서 가격은 절반에 불과해요. 그렇다고 너무 대중적으로 가기보다는 매스티지*를 지향합니다. 조금 더 격이 있는 옷을 사고 싶을 때는 우리한테 오라는 거죠. 베라왕이나 지춘희 디자이너처럼 세계적인 디자이너의 브랜드들도 우리와 몇 년째 함께하고 있고, 업계에서 가장 많은 단독 브랜드를 운영하고 있어요. 그런 브랜드들을 지속적으로 발굴해 키우는 것이 우리의 목표입니다.

---

* 매스티지(Masstige)란 대중(mass)과 명품(Prestige product)을 합한 신조어로, 소득 수준이 높은 중산층 소비자들이 비교적 값이 저렴하면서도 감성을 충족하는 고급품을 소비하는 경향을 말한다.

Q. 기존의 고객들은 연령대가 있는 만큼 애로점이 있지 않나요?

전혀 애로점이라고 생각하지 않습니다. 내가 지금 40대라고 해서 40대 옷을 사지는 않거든요. 2030세대처럼 보이고 싶은 마인드셋이 중요해요. 그 때문에 브랜딩을 하는 거예요. 또 요즘은 영포티를 넘어 뉴포티로 확대되고 있잖아요. 이처럼 확고한 취향으로 트렌드를 이끌어가고, 트렌드의 중심인 세대가 저희 타깃이라고 보면 됩니다.

Q. 고객들은 어떤 문제, 어떤 고민을 해결하기 위해 CJ온스타일을 찾는 걸까요?

특화된 시장을 지향하긴 하지만 결국 대중성 있는 물건을 팔 수밖에 없습니다. 그래서 유저 테스트, 좌담회 등을 통해 우리 고객들이 어떤 고민을 하고 있는지를 계속 지켜봤어요. 보통은 '신발을 사야 돼' '컴퓨터를 사야 돼' 하면 바로 포털사이트에서 검색부터 하죠. **쿠팡**이나 **네이버**는 이런 검색 기반의 쇼핑이에요. 그런데 **CJ온스타일**은 고객들이 앱에 접속하면 첫 화면부터 위에서 아래까지 전부 다 훑어봅니다. **CJ온스타일**의 경쟁력인 큐레이션 curation 이 잘되어 있기 때문이죠. 딱히 살 게 없어도 들어와서 볼 정도입니다. 엄선된 상품을 보면서 자신도 몰랐던 취향을 발견할 수 있는 거죠.

대부분 인공지능 기반으로 제품을 추천하지만 사람이 큐레이션하기도 합니다. 조금 더 온스타일스러운 상품을 소싱하기 위해서죠. 팔리든 안 팔리든 MD가 소싱한 제품을 메인에 노출하기도 하고요. 예를 들어 **라꽁비에뜨**라고 버터계의 **에르메스**라고 불리는 제품이 있어요. 보통 몇천 원이면 살 수 있는 버터와는 완전히 다르죠. 낱개 포장도 정말 예뻐요. 인스타그래머들이 빵 사진을 올리면 반드시 그 버터가 있을 정도예요. 이렇듯 사람의 취향으로 큐레이션하는 겁니다.

Q. 브랜드 매니저가 되고 싶은 사람들은 도대체 어디서 그런 아이디어를 얻을까, 어떤 고민을 할까 궁금합니다.

브랜드 매니저나 브랜드 마케팅 직무에서 중요한 역량은 '다르게 생각하는 것'과 '공감하는 것' 이 2가지라고 생각해요. 그래서 타사 사례도 많이 눈여겨보는 편이에요. **더현대서울**에 대해서는 계속 공부하고 있어요. 올드해 보이던 **현대백화점**이 VIP를 버리지 않고도 새로운 브랜드를 만들었으니까요. 한 인플루언서는 **더현대서울**에서 무려 7시간이나 머물렀다고 해요. 쉬고, 커피 마시고, 놀다가 쇼핑하면서 말이에요.

지그재그도 관심있게 보고 있어요. 10대들이 이용하는 쇼핑몰인데 윤여정 씨를 모델로 썼잖아요? 타이밍도 너무 잘 잡았고 메시지도 좋았어요. **당근마켓**도 제작비를 많이 쓰지 않고 소비자의 공감을 이끌어 내는 커뮤니케이션을 잘하고 있는 것 같아요.

Q. 실무자들은 그런 결과물이 나오기까지 얼마나 많은 반대에 맞서 싸웠는지 알잖아요. 아이디어를 내기는 쉽지만 그것을 실현하는 것은 전혀 다른 차원이라고 생각합니다.

맞습니다. 설득해야 하는 것은 실무자들의 당면 과제라고 생각합니다. 위에서 또 옆에서 보지 못하는 것들을 실무를 고민하는 사람은 볼 수 있다고 생각해요. 어떤 사실을 데이터와 인사이트로 증명하고, 그것을 소비자 공감을 바탕으로 이끌어 내면 된다고 생각합니다. 어떻게 브랜딩할지, 어떻게 커뮤니케이션할지 끊임없이 아이디어를 내서 팀 내 또는 친한 일부 구성원들과 작은 아이디어 불씨로 그것이 실현될 수 있을지 토론을 통해 발전시키는 습관이 필요합니다. 브랜드는 차별화된 아이덴티티가 있어야 하고, 상품은 구매가치가 있어야 하며, 소비자에게 커뮤니케이션하는 방식은 공감을 이끌어 내야 한다고 생각합니다. 이 3박자가 잘 맞으면 소비자는 결국 움직인다고 생각해요.

Q. 책이 아닌 현장의 목소리를 들어야 하는군요.

더 정확하게 말하면 배울 점이 많은 사람들의 말을 들어야 해요. 그들이 무슨 생각을 하고 있는지 관심을 가져야 하죠. 성공한 사람들이 어떤 일상을 사는지, 어떤 생각을 가지고 있는지 들어야 해요. 보통 직원들은 회사 대표의 얘기는 듣고 싶어 하지 않는데, 저는 대표님의 이야기가 너무 재미있어요. '왜 저런 생각을 하고 있을까?' 그 이면을 들여다보면 통찰력을 발견할 수 있거든요.

Q. 자신만의 생각의 기준이 분명한 것 같습니다.

남들이 다 한다고 해서, 유행하는 옷을 사 입는다고 해서 모두 예뻐 보일까요? 아닙니다. 자신의 체형에 맞는 옷을 잘 입는 사람이 훨씬 멋있어요. 크롭탑이 유행한다고 해서 어울리지 않게 입으면 멋있어 보이지 않아요. 나답게 스타일링해서 입는 사람들이 더 멋있어 보이거든요. 평범한 **나이키** 운동화를 신더라도 나에게 맞는, 나만의 스타일링을 할 줄 알아야 합니다. 그게 나다운 것입니다. 옷을 스타일링 하는 것처럼 나의 생각을 정리하고 나만의 가치관을 찾는 게 중요한 것 같습니다. 직업적 가치관, 스타일링의 가치관, 연애의 가치관, 브랜드의 가치관에서도 말이죠.

Q. 'CJ온스타일'다워지려면 남다르면서도 타인과 공감하는 역량을 지녀야 할 것 같아요.

오덴세라는 브랜드의 팀 사람들은 생각과 라이프 스타일이 '오덴세'스러운 가치를 지향하고 있어요. 실제 삶도 '오덴세'스럽고요. 우리 **셀렙샵** 팀도 대부분 옷 입는 스타일이 **셀렙샵**이 지향하는 'Practical Chic'스럽게 옷을 입어요. 스니커즈에 와이드팬츠, 흰 티셔츠만 걸쳤는데도 아주 스타일리시하죠. 나를 바꿀 정도로 이 브랜드를 좋아하기 때문이에요. 우리 같은 비즈니스를 하는 사람들에게 꼭 필요한 역량이고, 그래야 소비자도 브랜드의 가치를 공감할 수 있다고 생각합니다.

〈CJ온스타일〉 브랜딩 프로세스

1 | 브랜드 컨셉휠

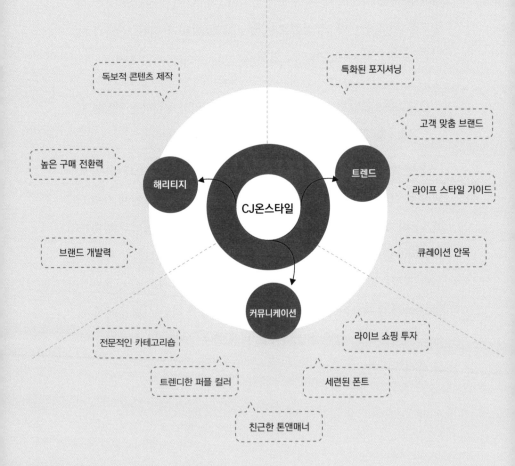

독보적 콘텐츠 제작

특화된 포지셔닝

고객 맞춤 브랜드

높은 구매 전환력

해리티지

트렌드

CJ온스타일

라이프 스타일 가이드

브랜드 개발력

큐레이션 안목

커뮤니케이션

전문적인 카테고리숍

라이브 쇼핑 투자

트렌디한 퍼플 컬러

세련된 폰트

친근한 톤앤매너

2 | 컨셉 도출

01	조사 (Research)

사람들이 인지하고 있는
세상의 문제들을
관찰해 본다.

CJ온스타일의
고객은 누구인가?

35~54, 온전히 나 자신으로
살고 싶어하는 밀레니얼 맘
·
새로운 시도를
두려워하지 않는 X세대

02	문제 (Experimental problem)

고객이 가진
문제는 무엇인가?

CJ온스타일의 고객이
가진 문제는 무엇인가?

내게 어울리는 스타일을
찾고 싶다
·
나만의 취향을 발견하고 싶다

03	필요 (what shall we Do?)

그래서 우리 브랜드는
무엇을 해야 하는가?

그래서 CJ온스타일은
무엇을 해야 하는가?

사람들의 숨은 욕구를
발견해야 한다
·
새로운 브랜드를 발굴하거나
만들어야 한다

04	핵심 (take the Point)

브랜드의 핵심 컨셉을
다양한 방식으로
적용해 본다.

온스타일다움을
보여줄 수 있는
컨셉은 무엇인가?

온스타일다운
브랜드를 소싱한다
·
취향이 반영된 상품을
앱으로 보여준다

네이밍 **Naming**
·

Brand
in
Naming

어니스트 티

1990년대 후반의 어느 여름, 투자회사에서 일하고 있던 세스 골드만은 갈증을 달랠 음료를 찾고 있었다. 하지만 설탕 투성이인 음료가 아닌, 달지 않고 맛있는 음료를 찾는 일이 쉽지 않았다. 여기저기 수소문하던 중 대학원 시절 지도교수이던 베리 네일버프 교수가 인도 현지에서 마시던 '차'를 제안했다. 그들은 결국 1998년 2월, '내가 마실 차는 내가 직접 만들겠다'는 생각에 주전자와 찻잎만 가지고 차 만들기에 도전한 결과 골드 러시 시나몬, 카슈 미리 차이, 블랙 포레스트 베리, 모로코 민트 그린, 아삼 블랙 등 다섯 종류의 차를 만들 수 있었다. 그들은 이 음료수를 가지고 15,000병의 첫 주문을 따냈다. 이 작업에는 7,100리터의 끓는 물과 60kg의 찻잎이 필요했다.

골드만은 직접 만든 차 음료의 성분과 내용을 정직하게 표기하기로 하고, 이에 걸맞게 회사 이름도 '**어니스트 티** Honest Tea'로 지었다. 그리고 병 음료로는 처음으로 공정무역을 실시했다. 플라스틱 병의

세상을 바꾼 어니스트 티의 도전 (출처 : 워싱턴포스트)

무게를 22%나 줄이는 한편, 음료의 칼로리도 100칼로리에서 60칼로리까지 줄이는데 성공했다. **어니스트 티**는 '정직함'을 모토로 완만한 성장세를 이어가다 2001년 오프라 윈프리와의 만남으로 인해 폭발적 성장의 디딤돌을 만들게 된다. 그리고 당시 대통령 후보였던 버락 오바마의 선거에서는 '블랙 포레스트 베리'가 추천되며 또 한번 성장세를 타게 되었다. **코카콜라**는 이런 **어니스트 티**의 성장세를 보고 2007년 지분 매입에 이어 2011년 100% 인수를 결정했다. 이러한 성장 속에 2013년 **어니스트 티**는 매출 1억 달러를 달성했다.

어니스트 티는 어찌보면 흔한 차 음료다. 그 자체로는 아주 특별한 것이 없다. 하지만 이들은 차를 팔지 않고 '정직'을 팔았다. 달디단 설탕 음료가 판을 치는 세상에서 그들의 '정직'은 제품 자체로 인식될 만큼이나 특별했다. 그들은 이러한 제품의 본질적인 탄생 이야기를 전하기 위해 《어니스트의 기적Missoin in a Bottle》이라는 책을 출간하기도 했다. 문제는 이 정직함을 어떻게 대중에게 알리느냐에 있었다. 그래서 시작한 것이 '정직지수 캠페인'이었다. 미국의 주요 대도시에 무인 가판대를 설치한 후 사람들이 '정직'하게 돈을 내고 가는지의 여부를 측정했다. 캠페인 결과는 놀라웠다. 미국의 평균정직지수는 92%, 그중에서 하와이와 앨라배마는 100%를 기록했다. 미국인들이 얼마나 정직한지를 가늠하는 이 캠페인은 대중의 지지와 환호를 받을 수 있었다. 이들의 '정직'이 선명하게 알려지는 순간이기도 했다. 이제 **어니스트 티**는 매장 수만 무려 13만 개에 이른다.

물론 이 브랜드가 항상 승승장구를 했던 것은 아니다. 매출이 늘수록 티백 차에 대한 요구가 커져만 갔다. 하지만 정직한 차맛으로 승부하는 이들에게 티백은 하지 말아야 할 선택이었다. 그럼에도 불구하고 티백 차 프로젝트를 강행한 대가는 컸다. 6년간의 매출이 35만 달러에 불과했다. 티백 차는 **어니스트 티**에 어울리지 않았던 것이다. 이들은 이후 'Great Recycle'이라는 환경보호 캠페인을 펼친다. 플라스틱 용기를 가져오면 이 브랜드의 제품이나 요가 매트, 자전거 등을 제공하는 방식이었다. 그들은 차가 아닌 '정직'을 파는 일에 집중했던 것이다.

이처럼 **어니스트 티**의 성공은 맛과 품질에만 있지 않았다. 그들은 '정직'이라는 추상적인 가치를 팔았다. 왜곡된 시중의 음료시장에서 달지 않고 맛있는 차를 정직하게 팔기 위해 모든 노력을 기울였

플라스틱 용기를 가져오면 사은품을 제공하는 'Great Recycle' 환경보호 캠페인

다. 달지 않고 맛있는 차를 만드는 일은 상대적으로 쉽다. 하지만 여기에 어떤 '가치'를 더하느냐에 따라 카피할 수 없는 차별화가 가능해진다.

제품의 본질을 발견하는 일은 중요하다. 하지만 더 중요한 것은 그것을 전달하는 방식이다. **현대카드**가 그들의 집요함을 보여주기 위해 카드 옆면까지 디자인했듯이, 자신이 가진 가치를 이 시대의 방식으로 전달하는 일에는 독특한 아이디어와 용기 있는 실행이 필요하다.

브랜딩은 결국 차별화다. 가치로 차별화하는 것이 곧 브랜딩이다. 당신 또는 당신이 일하는 회사가 지향하는 가치는 무엇인가? 그것을 소비자들에게 어떻게 전달하고 있는가? 여기에 성공하는 회사들이 우리가 알고 있는 진짜 브랜드들이다.

Chapter 4

브랜드 전략

Brand Strategy

LF는 큰 기업이다. 마음만 먹으면 무슨 비즈니스든 할 수 있을 것처럼 보인다. 하지만 LF의 라이브 커머스 담당자를 만나고 이러한 생각이 바뀌었다. 새롭고 빠르게 성장하는 라이브 커머스를, 덩치가 큰 기업에서 방향성을 틀어 주력하려면 우선 작은 성공의 근거가 있어야 했다. 그래서 LF몰은 투 트랙 전략을 썼다. 기존의 브랜드가 가진 장점을 지키면서 작지만 강력한 브랜드를 동시에 론칭한 것이다. 그리고 또 하나의 선택은 디지털 인플루언서였다. 한 번 개발하면 기존의 인플루언서가 지닌 한계와 단점들을 넘어설 수 있기 때문이다.

'전략'은 전쟁 용어다. 굳이 어원을 따지자면 '적군보다 더 좋은 위치를 선점한다'는 뜻이다. 상대방보다 높은 고지를 점령하면 적의 움직임을 파악할 수 있고 이에 대응하기 쉽다. 무엇보다 높은 곳에서 내려다보며 싸우는 이점이 있다. 그렇다면 브랜드에 전략이 왜 필요할까? 비슷한 카페가 몰려 있는 동네라면 대로변에 있는 가게가 유리한 것은 자명한 사실이다. **스타벅스**와 **맥도날드**를 부동산업이라고 부르는 이유가 바로 여기에 있다. **이디야**가 **스타벅스** 맞은편에 매장을 여는 전략을 택한 것도 바로 이 때문이다.

　적을 알고 나를 아는 '지피지기(知彼知己)' 역시 싸움에서 이기는 전술이다. 그렇다면 브랜드 전략은 '나를 알고 시장을 아는 것'이라고 해도 틀린 말은 아니다. 지금까지 3개의 Chapter에서 줄곧 이에 대한 중요성을 이야기했다. 브랜드 전략은 표현만 다를 뿐 시장에 나의 물건과 서비스를 파는 방법에 관한 이야기다.

———

　레드불이라는 음료가 있다. 동남아 시장에서 **박카스**와 비슷한 소프트 드링크로 팔리고 있었다. 그런데 이 회사가 어느 날 '에너지 드링크'라는 전에 없던 새로운 카테고리를 가지고 시장에 진출했다. 완전히 새로운 컨셉을 제안한 것이다. 이런 전략은 이른바 '귀족의 감자'를 떠올린다. 아무도 먹지 않던 감자를 귀족만 먹을 수 있게 하자 너도나도 먹기 시작했다는 이야기다. 이것은 단지 재미있는 일화가 아니라 사람들의 생각을 바꾼 놀라운 전략이다. **스와치**도 이런 전략으로 디지털 시계가 득세하는 시장에서 살아남았다. 시간을 확인하는 시계 본연의 용도가 아닌 패션용품으로 스스로를 다시 정의하면서 생존을 넘어 성장을 거듭했다.

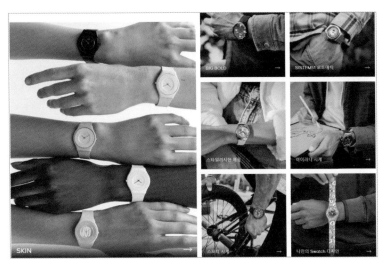

시계를 패션용품으로 재정의한 '스와치'   (출처 : 스와치코리아 홈페이지)

베스트셀러《럭키》를 저술한 김도윤 저자는 지방 대학 출신이다. 토익 점수가 400점대에 머무르자 그는 영어에서 완전히 손을 놓아버렸다. 그리고 가능성이 있어 보이는 공모전에 모든 것을 걸었다. 그 결과를 담은 책을 출간한 후 모교의 총장을 찾아가 그 자리에서 1,000권을 팔았다. 이후에는 작가와 유튜버로 전향해 사람들이 궁금해할 말한 소재들을 엮어 8권의 책을 썼다. 그가 서울대 출신의 작가였다면 얼마나 평범했을지 상상해 보라. 지방대 출신이라는 약점이 되레 장점이 됐다. 이것이 본질은 지키면서 시장의 인식을 바꾸는 브랜드 전략이다.

골목 깊숙한 곳에 위치한 가게라면 아예 간판을 떼어버려라. 번잡함을 싫어하는 소수의 멤버십 회원만 받는 아지트 컨셉으로 전환

하라. 1층에 가게를 얻을 수 없다면 2층에 카페를 만들면 된다. 손님의 추천이 없으면 찾아갈 수 없는 비밀의 카페로 컨셉을 정한다. 가게 위치가 반지하라면 빌로우 below 라고 네이밍하라. 카운터만 남기고 문을 없애라. 손님이 찾아오면 숨어 있던 문을 열고 반지하의 홀로 들어가게 하라. 이것은 나의 상상 속 카페가 아니다. 성수동에 실재하는 힙한 카페의 이야기다. 자신이 가진 약점을 오히려 차별화 요소로 활용한 전략이다.

전략의 본질은 좋은 위치를 선점하는 것이다. 내게 유리한 운동장을 만드는 것이다. 내가 달라질 수 없다면 시장의 규칙을 바꾸면 된다. 내가 물고기라면 사자와 땅에서 싸우면 안 된다. 어떤 방법을 쓰든 바다로 끌어들여야 한다. 자신의 단점을 장점으로, 불리함을 유리함으로 만드는 것이 전략의 핵심이다. 모든 브랜드 전략은 '지피지기'에서 시작된다. 시장의 필요를 알아야 하는 이유, 나 자신을 공부해야 하는 이유가 바로 여기에 있다.

———

예전의 연남동 골목은 지금과 달랐다. 약 7년 전 그날, **히레카레**에서 저녁을 먹고 **카페 이상**에서 핸드드립 커피를 마셨다. **피노키오**라는 독립서점에서는 그림책을 읽었다. 하지만 연남동이 갑자기 유명세를 타면서 지금까지 그 자리를 지키고 있는 곳은 **커피리브레**뿐이다(**카페 이상**은 다른 곳으로 장소를 옮겼다). 커피와 빵으로 유명한 **프릳**

츠도 그 뿌리를 살펴보면 **커피리브레** 출신이 많다. '스페셜티 커피' 하면 가장 먼저 생각나는 곳도 바로 이곳이다. 커피 품질에 관한 한 로스터리 대회 수상자 출신의 대표가 양보를 불허하기 때문이다.

이 시대에 장인 정신으로 성공을 기대한다는 것은 위험한 선택이다. 지금 일본은 시대의 변화를 따르지 못한 오래된 초밥집들이 줄줄이 문을 닫고 있다. 고작 6개월간 초밥 쥐기를 배운 초보가 십수 년간 도제생활을 해온 초밥 장인을 블라인드 테스트에서 이겼다. 일본의 초밥집은 이제 최고가 아니면 최저가를 지향하는 집만 살아남았다. 하지만 최고를 지향하는 전략이 수명을 다했다고 단정하기는 이르다. 최고, 장인, 수제와 같은 키워드는 아직도 많은 사람들에게 여전히 매력적인 단어이기 때문이다.

다이아몬드 제조사 **드비어스**는 저가 공세를 펼치는 경쟁사들 때문에 골머리를 앓고 있었다. 그래서 나온 해법이 이제까지 없었던 다이아몬드의 새로운 기준을 제시하는 일이었다. 결국 이전에 없던 등급을 만들어 자신들의 제품을 최고의 위치에 올려두었다. 품질에 대한 자신감이 없다면 불가능한 선택이었다. 놀랍게도 사람들은 이런 변화에 놀랍도록 빠르게 적응했다. **드비어스**는 다시 한 번 예전의 영광을 누릴 수 있게 되었다.

이처럼 제품의 기준을 더욱 날카롭게 만들어 성공한 브랜드가 한국에도 있다. 바로 강력한 IT 역량을 기반으로 D2C를 구현해 신선식품을 '초신선'하게 취급하는 푸드테크 스타트업 **정육각**이다. 유학을 앞둔 한 청년이 있었다. 돼지고기를 너무나 즐겨 먹었던 그는 도

차원이 다른 신선함을 강조하는 '정육각'   **(출처 : 정육각 홈페이지)**

축한 지 얼마 안 된 신선한 고기의 맛에 눈을 떠 유학을 포기하고 창업을 했다. 그리고 신선도 극대화를 비롯해 개별 제품의 최고 품질 구현에 집중했다. 창업한 지 만 4년째에 아기유니콘에, 6년째에 예비유니콘에 선정되며 폭발적인 성장을 기록하고 있다. 그들은 시장에 '초신선'이라는 신선식품의 새로운 기준을 제시했고 소비자들은 호응했다. 마치 다이아몬드의 새로운 기준을 제시한 **드비어스**처럼 말이다.

———

잘하는 것을 더욱 잘하는 것도 여전히 유효한 전략이다. 진공청소기를 만드는 **다이슨**은 5,127이란 숫자로 유명하다. 먼지 봉투 없는 청소기를 개발하기 위해 5,000번 이상의 실험을 진행했기 때문이다. 이런 신화 같은 스토리는 그 어떤 광고나 홍보보다 강력하다. 품질에 대한 의구심이 신문기사로 소개되곤 하지만 그들의 브랜드 파워는 아직도 건재하다. 이제 그들은 여성들의 필수품인 헤어드라이어를 만든다. 기존의 청소기 못지않게 비싼 가격이지만 사람들은 열광한다. 잘하는 것을 더욱 잘하기 위해 투자한 시간의 힘이 발휘하는 위력이다.

I.I: mall

LF몰

강점을 극대화하는 것이 궁극의 전략이다

Interviewed with

LF 라이브미디어커머스팀 한민주 팀장

Q. 최근 2~3년 간 많은 산업이 변했어요. 패션 분야도 예외는 아닌 것 같은데, 패션 분야는 이런 변화를 어떻게 인식하고 있는지 궁금합니다.

저희가 보는 최근의 키워드는 크게 '팬데믹'과 '비대면'이었어요. 2020년에서 2021년까지 2년 동안 거의 5년을 점프한 것 같아요. 이 기간 동안 이커머스 시장에서는 상전벽해의 변화가 있었습니다. 물론 전체 소비심리는 위축된 면이 없지 않지만요. 우리도 자구책을 찾다 보니 온라인에 집중할 수밖에 없었어요. 우리가 체감하는 코로나의 변화가 마치 기원전, 기원후에 준한다고 해서 BC, AC로 부르기도 합니다. '비포 코로나, 애프터 코로나' 이런 식으로요.

Q. 코로나 위기에 상대적으로 잘 적응한 업계의 사례가 있다면 어떤 곳들이 있을까요?

성장기에는 1년에 10cm씩 크기도 하잖아요. 지금의 상황이 그런 성장통의 시기라고 봐요. 이제 저희 업계는 코로나 팬데믹이 끝났을 때를 대비하고 있어요. 그동안 **무신사** 같은 패션 플랫폼들이 굉장히 많이 성장했어요. 요즘 핫한 스트리트 패션을 한곳에서 모두 볼 수 있다는, 패션 플랫폼으로서의 컨셉이 선명한 편이죠. 이런 온라인 패션 플랫폼들의 공통점은 자기 색깔이 뚜렷한 아이덴티티가 있다는 거예요.

LF몰 역시 프리미엄 라이프 스타일 전문몰로서, 이에 부합하는 다양한 시도들을 전개하고 있습니다. 궁극적 비전은 **LF몰**이 하나의 라이프 스타일 플랫폼이 되는 겁니다. 보통 플랫폼이라고 하면 오랫동안 체류하며 그곳에서 소통하고 네트워킹과 플랫폼과의 로열티를 쌓아가는 것인데, 이런 경험의 여정이 **LF몰** 안에서 일어날 수 있도

프리미엄 라이프 스타일을 지향하는 'LF몰' 앱   (출처 : 구글 플레이스토어)

록 하는 거죠. **LF몰** 안에서 고객이 정보와 니즈를 찾고 상품을 검색하고, 소통을 통해 쇼루밍과 역쇼루밍을 반복하며 구매를 결정하는 겁니다.

특히 요즘 모든 브랜드와 플랫폼들이 주목하는 '라이브 커머스'와 '미디어 커머스'는 오프라인으로 가야만 하는 상황을 최대한 내가 직접 가본 것 같은 인터렉티브 영상과 미리 사용해 본 스피커들의 진짜 리뷰로 온라인상의 구매전환율을 높이고 있죠. 그리고 그렇게 구매한 고객들이 구매 후기를 남기고, 그것이 2차 창작물로 활용되는 일련의 과정까지가 하나의 플랫폼 사업이라고 할 수 있습니다.

Q. LF몰이 지향하는, 사람들에게 전하고 싶은 라이프 스타일은 뭘까요?

스테이케이션*만 봐도 호텔을 단순 숙박뿐 아니라 즐길 수 있는 공간으로 생각하잖아요. 조식을 먹고, 친구들에게 보여주기 위해 사진도 남기고요. 하룻밤의 숙박을 통해 얻어지는 일련의 경험은 단순히 잠만 자는 것이 아니라 '고객 경험' 자체를 전달하는 패러다임이 반영된 거예요. 이것은 온라인 쇼핑에도 절대적으로 필요한 요소라고 생각합니다. **LF몰**의 주 고객층은 구매력이 좋은 30~50대 여성 고객들입니다. 이런 고객들의 니즈를 파악하고, 미리 제안하며, 서

---

* 스테이케이션(Staycation)은 머물다(Stay)와 휴가(Vacation)의 합성어로, 집이나 집 근처에서 휴가를 보내는 것을 말한다.

로 소통할 수 있는 장을 만들어 더 프리미엄한 라이프 스타일을 제안하는 것이 우리의 목표입니다.

Q. 이 책의 독자들은 실무자들의 인사이트를 궁금해할 것 같아요. 전에 없던 새로운 라이프 스타일을 제안하려면 어떤 준비부터 해야 할까요?

저는 스스로 납득할 만한지를 먼저 생각합니다. 기본적으로 제 자신도 납득할 수 없다면 다양한 고객의 만족은 더 멀어지게 돼요. 또 내 지갑에서 나가는 돈의 쓰임을 확인해 보기도 합니다. 내가 지금 어디에 돈을 제일 많이 쓰고 있는지, 평범하게 살아가는 소비자의 지갑이 트렌드라고 봐요.

저처럼 지극히 평범한 소비자들이 우리의 주요 고객층이죠. 그래서 저와 제 주변 사람들의 소비 패턴에서 많은 영감을 얻고 있습니다. 예를 들어 코로나 팬데믹 기간 동안 많은 사람들이 골프에 관심을 가지기 시작했어요. 예전에는 여행을 많이 갔는데 말이죠. 이처럼 지갑 속의 돈이 어디로 소비되고 있는지 보는 게 중요합니다.

특히 팬데믹 기간 동안 골프 시장이 비약적으로 성장하면서 우리는 투 트랙 전략을 주로 활용했어요. 기존의 골프 고객들이 있고, 완전히 새로운 2030 골프 세대들을 따로 타깃팅하는 거죠. 예를 들어 사내 벤처를 통해 **더블 플래그**라는 새로운 브랜드를 론칭했어요. **던 스트**도 2019년에 사내 벤처로 출발했죠. 성장세를 타서 2021년부터는 아예 사업체를 분리했습니다. **헤지스는 헤지스 피즈**로 스핀오프하여 온라인 채널로만 유통을 진행하고 있고, 라이프 스타일 브랜드 **스페이드 클럽**의 론칭 등 다양한 사내 벤처를 진행하고 있습니다. 디지털 중심의 고객 경험을 통해 고객들의 니즈를 빠르게 반영하고, 다양한 콜라보를 통한 피보팅* 브랜드 전략을 취하고 있습니다.

Q. 최근에 시장의 트렌드 변화에 잘 적응했다고 생각하는 곳이 있나요?

최근의 트렌드 변화를 보면 플랫폼의 커머스 다변화, 특히 라이브 커머스를 꼽을 수 있습니다. **LF몰**을 비롯해 **네이버, 카카오, 배민, 쿠팡** 등의 플랫폼뿐만 아니라 **CJ, 롯데, G마켓, 11번가**도 라이브 커머스를 전면에 내세우고 있죠. 라이브 커머스 도입 초반에는 연예인과 메가 인플루언서와의 협업으로 트래픽을 유도했습니다. 그러나 화제성이 생기는 만큼 유명인들의 진행에 따른 섭외비용, 그리고 라이브의 특징인 한시적인 할인이 맞물리면서 ROIReturn on Investment(투자수익률) 측면에서 지속가능한 사업성을 찾기가 쉽지 않아졌습니다.

초반의 그런 과정이 있었던 이유는 라이브 커머스의 태생에 기인하는데요, 2018년부터 인스타그램이 급성장하면서 인플루언서들이 생겨났어요. 또 유튜브가 대세가 되며 인플루언서의 활동 역시 이미

---

* 피보팅(Pivoting)이란 사업체의 인적구성이나 기본적인 핵심기술에 변화를 주지 않은 채 사업 방향만 바꾸는 것을 말한다.

지에서 영상으로 바뀌었고, 라이브 방송이 활발해지며 IGTV(인스타그램에서 운영되는 동영상 플랫폼)가 탄생했죠. 이처럼 인플루언서들을 주축으로 시작된 디지털 상의 마켓환경을 기업에서도 적용하면서 라이브 커머스 시장이 아주 빠르게 성장하게 되었습니다.

그런데 인플루언서 개인의 네트워킹을 활용한 라이브 커머스를 기업이 시작하려니 예상한 시나리오대로 흘러가지 않는 겁니다. 라이브 커머스 생태계의 발현이 너무 자연발생적이었기 때문이죠. 인플루언서들이 직접 이야기하고, 소통하고, 거기서 팔았으니까요. 마치 1인 기업처럼 움직인 거죠. 이들의 성장을 보고 코로나 시대를 맞아 기업들도 라이브 커머스를 확대하다 보니 수익성 이슈가 도래하게 되었어요. 이때부터 기업들의 라이브 커머스, 특히 저희 **LF몰**의 라이브 커머스는 크게 3가지로 기획 방향을 바꾸었어요.

첫째, 화자**Speaker**에게 지급될 비용을 줄이고 **LF몰**에서만 볼 수 있는 라이브 커머스를 '오리지널 시리즈'로 기획하고, IP**Intellectual property**형 콘텐츠를 육성하기로 했어요. 둘째, 상품 소구시 플랫폼이 가진 신뢰의 브랜드력에 더 집중하면서 상품의 가격적 혜택을 확보하고 있어요. 셋째, OSMU**One Source Multi Use** 전략을 실행하고 있어요. 라이브 제작비의 효율성을 높이고, 콘텐츠로서의 정보성을 고려할 때 1회 방송 후 흘려보내기에는 너무 아쉬운 양질의 콘텐츠이다 보니 방송 이후 **LF몰** 내에서 다양한 방법으로 영상 콘텐츠를 활용하고 있습니다. 커머스의 본질적인 상품의 매력도에 집중하고, 기업이 가진 장점을 극대화하는 방식으로 라이브 커머스가 진화하고 있는 거죠.

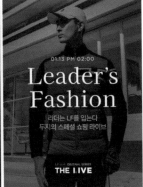

IP형 콘텐츠로 진화한 LF몰의 라이브 커머스 (출처 : LF)

인플루언서와 협업한 시즌제 라이브 콘텐츠와 OSMU 전략을 반영한 오픈 라이브 방송 (출처 : LF)

Q. 성공한 브랜드들은 각자 자기다움을 가지고 있다고 생각합니다. 예를 들어 LF몰이 LF몰답게 일하고 있는가가 중요하다고 생각해요.

닥스에 닥스다움이 없다면 수십 년간 이어갈 수 있는 명품 브랜드가 만들어질 수 없었겠죠. 브랜드를 관통하는 무언가가 있어야 합니다. '나다움'이란 브랜드는 물론 우리의 삶에도 가장 중요하다고 생각해요. 너무나 많은 선택지와 정보가 있기 때문에 자신만의 코어가 있어야 성장할 수 있어요.

Q. 팀장님이 지갑을 여는 것도 어떻게 보면 나다운 삶을 살기 위한 방편이 아닐까 싶네요. 팀장님이 생각하는 나다움이란 어떤 건가요?

지금은 너무 많은 콘텐츠와 구매의 대안들이 있어요. 그래서 나다움은 사람을 비롯한 모든 브랜드의 핵심이라고 생각해요. 나다움이 있어야 자유로운 변주도 가능합니다. 나의 코어만 단단하다면 변주했다가도 다시 돌아올 수 있어요. 내 인생의 단어는 '진정성' '성실' '품격'이에요. 그런 데서 나오는 것이 나다움이 아닐까 싶어요. 이 3가지는 언제든지 드러난다고 생각해요.

특히 중요한 것은 '진정성'이에요. 이 부분을 고민하지 않았다면 커뮤니티 마케팅과 다양한 유형의 라이브 커머스라는 아이디어도 쉽게 나오지 않았을 거예요. 생태계가 다르다는 것을 깊이 생각하고, '우리가 이기기 힘든 게임'이라는 걸 인정한 결과이니까요. 제작비 많이 들어 똑같이 하면 경쟁우위가 없어요. 왜냐하면 인플루언서들의 네트워크가 훨씬 좋으니까요.

Q. 이제 질문을 좀 바꿔볼게요. 마케팅부서에서는 어떤 기준으로 직원을 채용하는지도 궁금합니다.

가장 먼저 보는 것은 '농업적 근면성'이에요. 저는 2006년에 입사해 지금까지 15년이 넘게 일하고 있는데, 마케팅은 늘 새로운 게 나오는 분야입니다. 경험을 통해 업의 기본을 관통하는 시각도 중요하지만 늘 새로운 것을 배워야 하기 때문에 근면성실하지 않으면 할 수 없는 일이에요. 농업적 근면성이 필요한 이유는 모든 과정을 처음부터 끝까지 지켜봐야 하기 때문입니다. 매출로 이어져서 다시 선순환할 것인지까지 살펴야 하죠. 그냥 광고 찍는 걸로 끝이 아니에요. 이 광고가 어떻게 작용해서 어떤 성과를 내는지를 알아야 해요.

그런 점에서 마케터에게 특히 중요한 것은 '끈기'라고 생각합니다. 브랜드 전략을 기획하고 실행하는 것과 동시에, 결과 리뷰를 끝까지 추적하고 잘게 쪼개서 어디에서 유입되었고, 어떤 요인이 작동했는지 끈기 있게 케이스별 데이터를 만들어야 합니다. 영감도 중요하지만 요즘 같은 시대에는 분석력도 그에 못지않게 중요하죠. 끝까지 물고 늘어지는 정신이 필요해요. 그래야만 영감을 현실로 구현하고 성공시킬 수 있으니까요.

Q. 요즘 꾸준함을 강조하는 분들이 점점 더 늘어나고 있는 것 같아요.

그런 사람이 희귀해져서 그런 것 같습니다. 희소할수록 가치가 높아지잖아요. 제가 만난 동료들은 대부분 자기 일에 열정적인 사람들입니다. 이 열정을 꾸준히 유지한다면 최고의 무기가 되어 내적·

외적으로 성장할 것입니다.

Q. 요즘 MZ세대들은 다양성의 가치를 존중하고, 자기만의 라이프 스타일을 지키려고 합니다. 하지만 그러한 성향이 조직에 좋은 영향만 끼치는 것 같지는 않아요.

나다움이라는 것도 '성숙한 나다움'이어야 가치가 있는 거예요. 말하자면 나를 1인칭 시점보다 3인칭으로 객관화하여 바라볼 수 있는 본인 마음의 근력을 가지고, 상대방의 '너다움'도 인정해야 하는 거죠. 나다움을 유지하되 입사 후에는 '이 회사에 이런 문화가 있구나' 하고 받아들이고 공감하는 것이어야 하지 않을까요? 열정이 가득한 분들이 농업적 근면성까지 갖춘다면 탁월한 성과로 이어질 거라고 확신합니다.

Q. 마케터가 되고 싶은 친구들에게 해주고 싶은 조언이 있나요?

나다움을 찾으려면 많은 시도를 해봐야 합니다. 그 과정에서 실패는 경험이 되고, 좋았으면 추억인 겁니다. 저의 20대를 돌아본다면 뭔가 확신이 있어야만 시작을 하는 성향이 있었어요. 그런데 어떤 것도 100%라는 건 없다는 것, 그래서 그것은 경험을 통해 스스로 결과를 만들어 보고, 상황을 해석하는 나만의 관점에 있다는 것을 이제는 알게 된 것 같습니다. 그래서 제가 후배들에게 이야기할 기회가 있다면 "일단 하고 싶은 걸 다 해봐라. 모든 것을 해보고 거기서 인사이트를 얻어라. 조금 더 단단해져라. 그리고 자신만의 코어를 만들어 보라."고 말해주고 싶어요.

Q. 15년 넘게 마케터로 살아오셨는데, 의미 있었던 경험을 하나만 이야기해 주신다면 어떤 게 있을까요?

5개년 계획을 하기보다 3개월 숏텀short term으로 성공사례를 만들어 보라고 말하고 싶어요. 작은 것이 위대함을 만드니까요. 거시적인 목표도 물론 필요하지만 작은 단위들의 마케팅 활동에서 이루어지는 다양한 피보팅이 큰 성공을 이루는 키key라고 생각합니다. 지금 시대를 반영한 것이기도 합니다. 코로나 팬데믹으로 전체적인 매출이 급감하면서 광고비가 없었던 적이 있었어요. 마케팅비가 축소되니 레비뉴 셰어*라는 개념을 도입했죠. 이때 동기부여가 극대화되었고, 더욱 촘촘하게 구매 전 - 중 - 후 시나리오를 구성하며 매출 목표 최대치 그 이상을 달성하기 위해 정말 열정적으로 작업했던 경험이 있습니다. 물론 그 결과, 매출은 언론에 기사화될 만큼 좋은 결과를 얻었고요. 그런 식으로 위기를 극복한 작은 시도들이 많습니다.

Q. 당장 작은 시도부터 해봐야겠다는 생각이 듭니다.

네. 그렇죠. 그리고 하나 더 이야기한다면 1인 미디어에 관심을 가져야 해요. 이들은 SNS에 자신의 생활을 공유하고 밈meme을 형성

---

* 레비뉴 셰어(Revenue Share)란 계약 당사자가 사업의 수익을 공유하는 계약방식을 말한다. 정해진 비율에 맞춰 수익을 분배한다.

하며, 팔로워들의 의견을 듣고 상품을 만들다 보니 비용을 상당히 줄일 수 있어요. 이미 수요를 예측했기 때문이죠.

LF몰에도 다양한 인디 브랜드, 인플루언서 기반의 브랜드들이 입점해 있어요. 서로 윈윈win-win하기 위해서죠. 성장하는 시장 생태계를 이해하고 소화하는 과정에서 여러 가지 시도를 하며 함께 성장하는 것이죠. 그런 의미에서 20대들에게 머릿속에 떠오르는 비즈니스 아이템들을 '한 번 해보라'고 조언합니다. 작은 시도로 반드시 뭔가를 얻을 수 있을 겁니다. 대기업도 작은 시도들을 많이 하고 있거든요.

Q. 기업의 규모, 처한 상황에 따라 다양한 전략이 필요하다는 생각이 듭니다.

대기업의 장점과 작은 기업의 장점을 모두 취할 수 있어야 합니다. 최근 무신사도 중년층을 타깃으로 하는 브랜드를 론칭했어요. 성공한 시장을 넘어 성장하려면 투 트랙으로 갈 수밖에 없어요. 우리가 긍정적으로 보는 부분은 시니어 세대가 점점 더 패션의 중심이 되어가고 있다는 거예요. 지금 우리 브랜드를 사랑하는 고객들이 5년 뒤에는 지금보다 훨씬 더 많은 소비를 할 겁니다. 시니어 패션이 주목받을 거고요. 그냥 중년이 아니라 액티브한 시니어들이거든요. 기존의 강점은 극대화하고, 새로운 것을 위한 피보팅 전략, 이 투 트랙이 필요하다고 봅니다.

Q. 10년 후에 팀장님은 어떤 삶을 살고 있을까요?

보다 평안해진 '나다움'을 가지고, 하고 싶은 일을 기업 안에서든 사업을 하든 재미있게 하고 있을 것 같아요. 내 이름이 브랜드라는 신념으로요.

〈LF몰〉 브랜딩 프로세스

1 | 브랜드 컨셉휠

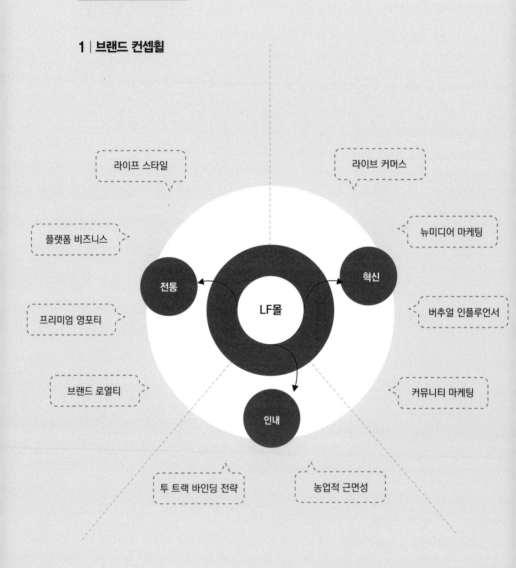

라이프 스타일

라이브 커머스

플랫폼 비즈니스

뉴미디어 마케팅

전통

혁신

LF몰

프리미엄 영포티

버추얼 인플루언서

브랜드 로열티

커뮤니티 마케팅

인내

투 트랙 바인딩 전략

농업적 근면성

2 | 가치 제안 캔버스

프리미엄 라이프 스타일을
경험하고 싶다

다른 고객과 소통도 하고
네트워킹도 하고 싶다

고객의
필요

주요 고객

고객의
문제

요즘 트렌드를
따라가기 힘들다

내 나이에 맞는 브랜드가
더 많아졌으면 좋겠다

프리미엄 영포티

정육각

돼지고기를 사랑한 공학도가 있었다. 그의 이름은 김재연, 미 국 무성 장학생으로 선발되어 유학을 앞둔 상태였다. 미국 유학을 앞둔 그에게 한 가지 아쉬운 점이 있었다. 미국에서는 삼겹살이 비싸 마음껏 먹기 힘들다는 것이었다. 그래서 인근 육가공을 함께하는 도축장에서 신선한 고기를 양껏 사서 구워 먹었는데 양이 너무 많았다. 하는 수 없이 남은 고기를 썰어 지인들에게 팔았다. 뜻밖의 호평이 줄을 이었다. 더 구할 수 없느냐는 사람도 있었다. 그때 문득 이런 생각이 들었다. 왜 같은 고기인데 먹을 때마다 맛이 달라질까? 보통 돼지고기의 유통기한은 도축 후 최대 45일 정도다. 다만 팔리는 기간이 제각각이니 신선도가 달라질 수밖에 없었다.

신선한 돼지고기를 원하는 사람들의 숨은 니즈를 알게 된 그는 유학의 길을 접고 본격적으로 고기를 팔아보기로 했다. 과외를 해서 모은 전 재산 1,000만 원을 투자했다. 안양 인근의 재개발 지역에 저렴한 공간을 3개월간 빌렸다. 월세를 한꺼번에 내고 남은 돈은 모두 돼지고기를 샀다. 어차피 3개월만 할 거라서 온라인 카페를 활용했다. 농산물 직거래로 유명한 **농라**라는 카페에서 고기를 팔기 시작했다. 이번에도 반응은 폭발적이었고, 소비자들은 '고기에서 냄새가 나지 않는다'며 환호했다. 2016년 봄의 일이었다.

본격적인 사업의 길이 열리자 안양에 있는 도축장을 찾아가 돼지고기를 납품해 달라고 요청했다. 다행히 '젊은이가 축산업에 뛰어들다니 용기가 좋다'며 흔쾌히 거래를 터주었다. 이를 계기로 축산시장의 생태계와 뒷이야기 등 현실적인 부분들을 빠르게 배울 수 있었다. 그리고 개업 한 달 후 손익분기점을 넘었다. 주부들 사이에 입소문이 난 탓이다.

정육각의 성공 이유는 어디에 있을까? 가장 중요한 포인트는 바로 고기의 '신선도'에 있다. 변질이 우려되어 육류 소비를 꺼리는 사

신선도에 집중한 '정육각'   (출처 : 정육각)

람들이 의외로 많다. 하지만 **정육각**은 주문량 예측시스템으로 하루 발주량을 정확히 예측한다. 미리 작업해 둔 고기를 판매할 일이 아예 없는 것이다. 도축한 지 4일 이내의 돼지고기를 배송 출발시점에 맞춰 생산을 시작하고, 포장한 후 당일 혹은 다음 날 새벽까지 배송을 완료한다. 오전에 주문하면 당일 오후 7시 전에 도착하고, 저녁 8시 전에 주문하면 다음 날 오전 7시 전에 도착하는 식이다.

어떻게 이런 생산 및 배송이 가능할까? 가장 큰 이유는 IT 역량을 기반으로 생산·유통·물류의 수직계열화를 통해 기존 유통단계를 획기적으로 단축한 데 있다. 공장의 공급망 관리에 빈틈을 없앤 이유도 컸다. 생산과정도 다른 업체와는 많은 부분에서 차별화했다. 휴먼 에러를 줄이기 위해 작업반장 역할을 직접 개발한 소프트웨어에 맡겼다. 작업자는 자신에게 주어진 작업 지시 모니터를 보고 작업을 시작한다. 불필요한 작업이 사라지자 한결 빨라진 것이다.

정육각의 모든 제품에는 도축·도계 또는 조업한 지 며칠이 지났는지 쉽게 확인할 수 있도록 커다랗게 숫자가 표시돼 있다. 고객이 신선식품을 더 신선하게 즐길 수 있도록 무료배송 기준 대신 3,500원만 내면 월 4회까지 무료배송을 해주는 '신선플랜'도 운영 중이다. 과금 방식은 온라인에서도 고객의 주문에 맞춰 생산된 원물의 무게만큼 정확한 금액을 결제할 수 있는 '신선페이'를 자체 개발해 적용하고 있다. 이런 다양한 노력의 결과 소비자의 주 연령대는 기존 30~40대에서 팬데믹을 거치며 신선식품 온라인 구매가 익숙해진 50~60대로 확장되고 있는 중이다.

정육각은 창업 처음부터 '초신선'을 핵심 컨셉으로 삼아 개별 제품의 품질을 극대화했다. 그리고 이 선명한 컨셉이 곧 '전략'이 되었고, 다른 대기업들도 뛰어드는 '초신선'이라는 새로운 시장을 만들어냈다. 도축 4일 이내 돼지고기로 사업을 시작한 정육각은 현재 도계 1일 이내 닭고기, 당일 산란 달걀, 당일 착유 우유 및 정온 숙성 소고기까지 5가지 카테고리 축산물과 '산지로부터 1일' 수산물, 그리고 초신선 원물을 활용한 밀키트까지 상품군을 확대했다. 정육각은 제품의 기준을 더욱 날카롭게 만들기 위해 육가공 이후의 전 과정에 IT 기술을 접목했다. 그 결과 모두의 우려를 걷어내고 폭발적인 성장을 이어가는 중이다. 정리해 보자. 정육각은 아주 작은 개인의 경험에서 아이디어를 얻어 사업을 시작했다. 그저 '같은 돼지고기의 맛이 왜 이렇게 다른가?'라는 지극히 개인적이고 본능적인 질문에서 시작한 사업이다. 하지만 이 질문에 대한 답을 찾아가는 과정이 그들의 '전략'이 된 셈이다. 그 결과 이들은 전통 산업에서 관행처럼 여겨지던 부분에 혁신을 일으킬 수 있었다.

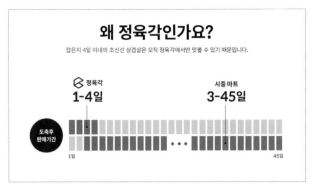

도축한 지 4일 이내의 돼지고기를 패키징한 후 구매 당일 혹은 다음 날까지 배송하는 정육각 시스템
(출처 : 정육각 홈페이지)

Chapter 5

스토리텔링

Storytelling

'소소일작' 이름부터 매력적이다. 무라카미 하루키가 맨 처음 썼다던 '소확행'이 떠오르기도 한다. 바로 **한국후지필름**이 새롭게 시작한 캠페인 이름이다. 아날로그 사진으로 소소한 작품을 만드는 활동을 일컫는 말이다. 소비자들의 호응이 커지자 **한국후지필름**은 아예 **감성상점**이라는 온라인 스토어를 만들었다. 스티커, 마그넷, 포토홀더, 카메라 스트랩…. 아날로그 정취를 흠뻑 느낄 수 있는 아이템들로 작품을 만든다. '소소일작 필름일기'는 사람들이 직접 찍은 즉석사진들로 앨범을 만들어 준다. 이 모두가 일종의 소소한 작품들인 셈이다. 그리고 여기에는 그 사람만의 '스토리'가 담긴다.

───

어느 날 흥미로운 브랜드 스토리를 와디즈 펀딩 사이트에서 만났다. 참기름을 팔던 1인 사업가가 500만 원을 목표로 펀딩을 시작했다. 벤조피렌이라는 발암물질이 들어 있는 기존의 참기름은 수입된 참깨 분말로 만들어진다고 했다. 단가를 낮추기 위해 참깨를 가루로 들여왔는데 고온압축 과정에서 몸에 좋지 않은 성분이 검출된다는 것이다. 그래서 자신은 통참깨로 기름을 짠다고 했다. 이를 보여주기 위해 참깨 짜는 과정에서 나오는 찌꺼기인 깻묵을 포장에 담아 보내주는 아이디어를 냈다. 미슐랭 별을 받은 비빔밥 집에서 만날 수 있는 **정준호참기름**은 이런 스토리를 통해 세상에 나왔다.

이 이야기가 매력적인 이유는 고난과 극복의 과정을 담고 있기 때문이다. 사업 실패로 극단적인 선택을 하려던 그에게 아이들은 "아빠는 양심을 걸고 일을 해오지 않았냐"고 되물었다고 한다. 지금도 남아 있는 펀딩 페이지에는 본인과 아이들의 사진이 함께 올라와

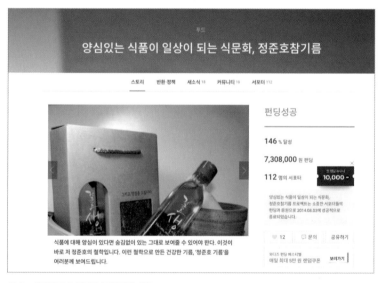

와디즈에서 펀딩에 성공한 '정준호참기름'　　　　　　　　(출처 : wadiz.kr)

있다. 이 브랜드 스토리의 핵심은 양심이라는 가치를 눈으로 보여준 기막힌 발상이다. 하지만 진정성 있는 그의 스토리가 없었다면 구매자들의 감동도 반감되었을 것이 분명하다.

———

브랜드 컨설팅을 위해 수많은 미팅을 하다 보면 가장 많이 듣는 질문이 하나 있다. '내가 하는 말이 무슨 이야깃거리가 될까요?'라는 물음이다. 그때마다 들어보고 판단하겠다고 말한다. 나는 오히려 달변가일수록 경계심을 가진다. 너무 매끄럽게 이어지는 이야기는 거짓에 가까울 수 있다는 것을 몇 번의 경험으로 알게 되었다. 반면 질문을 받을 때마다 뜸을 들이고 머뭇거리는 사람들이 내뱉는 한마디는 진짜인 경우가 많다. 준비되지 않은, 그러나 툭툭 던지는 그 한마디에서 진솔한 이야기의 힘을 느꼈다.

문제는 우리가 기록에 약하다는 사실이다. '그게 뭐 대수라고…' 하면서 버려지는 이야기가 너무도 많다. 수백 년에 걸쳐 가업을 이어오는 일본의 수많은 작은 브랜드들을 보자. 그깟 젓가락, 그깟 부채 하나가 뭐라고 200년, 300년을 이어 만들어오고 있을까? 하지만 그 스토리는 결코 다른 브랜드가 따라 할 수 없는 강력한 무기가 된다. 역사는 기록으로 인정받는다. 우리가 쓰는 작은 기록이 모두 역사가 된다. 갈겨쓰고 흘려 쓴 수십 년 된 일기장이 어떤 브랜드에게는 수억을 들여도 가질 수 없는 가장 큰 자산이 된다.

충남 천안에는 유독 주민들의 사랑을 한몸에 받는 **마실**이라는 음식점이 있다. 체인점만 해도 스무 개가 넘는 이 가게의 대표는 지금도 매일같이 미주알고주알 식당 운영에 관한 기록을 페이스북에 남긴다. 그는 수년 간의 매출을 꼼꼼히 기록하는 과정에서 새로운 메뉴를 만들거나 없애곤 했다. 가격도 기록을 바탕으로 다양한 시도를 해왔다. 그래서 그는 오로지 **갤럭시 노트**만을 사용한다고 한다. 틈날 때마다 펜을 들고 기록할 수 있기 때문이다.

소형 가전업체의 **애플**로 불리는 **발뮤다**의 대표는 원래 기타리스트였다. 10여 년간 무명생활을 겪은 그가 마침내 음악을 포기하고 여자 친구 집을 찾았다. 그리고 거기서 우연히 건축 잡지를 보게 되었다. 무언가를 만든다는 것의 매력을 처음 느낀 순간이었다. 마음을 다잡고 그가 처음 만든 제품은 노트북 거치대였다. 인터넷을 통해 재료를 확인하고, 공장을 직접 찾아다니며 마침내 제품을 완성했다. 하지만 이내 외환위기가 찾아왔다. 꾸준히 이어지던 주문이 거짓말처럼 사라졌다. 그는 마지막으로 선풍기를 만들어 보기로 한다. 보통 선풍기의 10배 가격에 팔리는 **그린팬S**는 이렇게 만들어졌다.

아기띠로 유명한 **코니**라는 회사가 있다. 평범한 직장인으로 필라테스를 즐기던 한 여성이 결혼하고 임신을 했다. 하지만 육아의 어려움을 아무도 그녀에게 이야기해 주지 않았다. 출산을 하고 목 디스크가 찾아왔다. 보통의 아기띠를 매고는 일상생활을 할 수 없는

지경에 이르렀다. 그때 남편이 이렇게 말했다. "당신에게 꼭 맞는 아기띠를 직접 만들어 보면 어떨까?" 이 제안을 흘려듣지 않은 **코니**의 대표는 **발뮤다**의 테라오 겐 사장처럼 전국의 봉제공장을 수소문해 찾아다니며 제품을 개발했다. 그리고 그 개발 스토리를 회사의 홈페이지에 고스란히 옮겨 놓았다.

———

    이제 우리 브랜드만의 이야기를 발견해 보자. 발견할 수 없다면 만들어 보자. 거짓으로 꾸미라는 이야기가 아니다. 이제부터 기록을 시작하자는 것이다. 매력적인 이야기의 공식은 의외로 단순하다. 당신이 지금 어려움에 처해 있다면 그보다 좋을 수 없다. 단 치열하게 해법을 찾아가는 과정이 뒤따라야 한다. 그 고민의 과정을 당신의 SNS 채널을 통해 있는 그대로 전달해 보자. 이때 필요한 것은 글쓰기나 사진 솜씨가 아니라 꾸준함이다. 그리고 한 가지만 기억하라. 이 과정을 실제로 하는 사람은 의외로 드물다는 사실을 말이다.

한국후지필름 (주)

한국후지필름

소소한 우리 이야기, 한번 들어 보실래요?

Interviewed with
한국후지필름 커뮤니케이션팀 안소영 팀장

Q. 한국후지필름에 대해 간단하게 소개해 주세요.

우리는 **롯데그룹**에 속한 회사입니다. 이름 때문에 일본의 자회사나 지사로 알고 있는 분들이 많아요. 하지만 우리는 일본 **후지필름**이 가지고 있는 산업 부문 중 이미징 비즈니스 부문만 수입해 총판하는 회사입니다. **후지필름**이 가지고 있는 이미징 자재나 기기들을 수입해 사진관이나 거래처에 납품하는 B2B 사업도 하고 있고요. 전국 대부분의 사진관에 인화지와 약품, 출력기기 등을 납품한다고 보면 됩니다.

Q. 사진관들이 원료를 받아가는 곳이군요. 따로 주력상품이 있나요?

원래 그런 B2B 사업이 주력이었어요. 그렇다보니 지금처럼 브랜딩 활동을 시작한 지는 오래되지 않았죠. 예전 필름 카메라만 있었

셀프 프로필 사진을 찍고 출력할 수 있는 더셀피룸　　　　　　　　　　　　　　　**(출처 : 한국후지필름)**

을 때는 사진을 찍으면 무조건 인화해야 했잖아요. 필름과 인화지가 무조건 팔릴 수밖에 없는 구조였죠. 그런데 이제는 시장이 완전히 바뀌었어요. 디지털 시대로 바뀌면서 사진을 출력하는 시장이 많이 줄어들었으니까요. 그래서 사람들이 인화를 체험할 수 있는 무인 셀프 인화 키오스크라든가, **더셀피룸** 같은 셀프 스튜디오를 오픈하기도 했어요. **인스탁스**라는 즉석카메라가 사실상 주력상품인데, 이것을 한국에 홍보하고 브랜딩하는 역할을 담당하고 있습니다.

Q. 사내 마케팅과 브랜딩에 관한 업무를 거의 혼자서 담당하고 있는 것 같은데 적성에는 맞나요?

어쩌면 저는 이런 브랜딩이나 마케팅에 적합하지 않은 성격일 수 있어요. 하지만 사람들을 관찰하는 것을 좋아하고 사람들이 행복해하는 모습을 보는 게 너무 즐거워요. 전면에 나서지는 않지만 사람들이 내가 만든 콘텐츠나 행사에 만족하고 즐거워하는 모습을 보면 굉장히 감동적이고 뿌듯합니다. 뭔가 다른 자아를 실현하는 느낌이라고 할까요? 시간이 갈수록 이 일을 선택하길 잘했다는 생각이 들어요.

Q. 지금은 경쟁 브랜드도 생겨나고 시장이 많이 달라졌는데, 이런 변화에 대응하기 위해 어떤 노력을 하고 있나요?

자체적으로 고객과의 접점을 늘려나가야 젊은 고객들과 소통할 수 있어요. 그래서 B2B 사업 위주에서 B2C 영역으로 확대하고 있는 중입니다. 새로운 서비스도 계속 개발하고 있고요. 5년 전부터 본격적인 홍보나 브랜딩을 시작한 거 같아요. 2년 전부터는 단순히 제품을 홍보하는 것을 넘어 다양한 사진들을 라이프 스타일에 적용하는 방법을 고민하고 있어요. 그래서 나온 게 '소소일작'이라는 캠페인이에요. '소소한 일상이 사진으로 작품이 되는 시간'이라는 뜻이죠.

Q. '소소일작' 캠페인을 기획하게 된 계기가 있나요?

과거에 비해 사람들이 사진을 찍는 횟수가 폭발적으로 늘었어요.

스마트폰 카메라가 발전하며 언제 어디서든 사진을 찍을 수 있으니까요. 그래서 사람들이 가지고 있는 사진 파일 수나 데이터 양도 기하급수적으로 늘어났죠. 하지만 사진 하나하나에서 느끼는 애정이나 설렘은 오히려 줄어들고 있어요. 그저 사진을 찍는 순간만 잠시 즐길 뿐 사진을 소중히 간직한다는 의미는 퇴색되었죠.

그런 부분을 '체험하고 느끼게 해주고 싶다'라는 생각이 들었습니다. '스마트폰에 저장되어 있는데 왜 굳이 사진을 뽑아야 하지?'라고 생각하는 친구들에게 직접 뽑은 사진이 주는 감동과 설렘을 느끼게 해주고 싶었어요. 일상에서 아날로그 사진을 가지고 활용할 수 있는 방법들을 고민하다 크리에이터들과 협업을 통해 다양한 콘텐츠와 클래스를 개발하기 시작했어요.

'소소한 일상이 사진으로 작품이 되는 시간'이라는 뜻의 소소일작 (출처 : 한국후지필름)

Q. 다양한 콘텐츠에 대해 조금 더 구체적으로 설명해 주시겠어요?

인화하는 사진을 어떻게 활용할 수 있을지, 단순히 사진을 찍고 뽑는 기능이 아니라 하나의 놀이문화처럼 만들고 싶다는 생각을 했어요. 그래서 아날로그 문화와 접목한 최신 트렌드들을 많이 찾아봤죠. 요즘은 개인의 취미 분야가 다양해지고 세분화되면서 사람들이 뭔가를 직접 만드는 것에 굉장히 관심이 많다는 것을 확인했어요.

그래서 크리에이터들과 협업해 사진을 가지고 만들 수 있는 다양한 아이템들을 기획한 거죠. 예를 들어 '필름일기'라는 게 있어요. 보통의 다이어리처럼 보이지만 단순한 일기장이 아니라 매일매일 특별하지 않은 소소한 일상의 기록들을 사진으로 남기는 거예요. 직접 찍은 사진을 붙이고 일기를 쓰는 거죠.

Q. 다이어리 꾸미기랑 비슷한 것 같네요.

그런 것과도 잘 맞는다고 생각했어요. 보통은 스티커로 꾸미는데, 자기 사진으로 꾸미면 일상이 좀 더 특별해질 수 있는 거죠. 생각보다 반응이 좋았어요. 이후에는 페이퍼 아티스트와 협업해 사진으로 선물을 만들 수 있는 작품도 기획했습니다.

자수 액자도 반응이 좋았고, 북바인딩을 할 수 있는 앨범을 직접 만들어 보는 체험 행사도 진행했어요. 또 카메라 자체를 꾸미는 방법으로 '인꾸'(인스탁스 꾸미기)라는 말도 홍보했죠. 휴대폰도 커스터마이징하고, 노트북에도 스티커를 많이 붙이잖아요. 카메라도 사실 하나의 패션 아이템이 될 수 있겠다고 생각해서 제안한 겁니다.

Q. 일종의 새로운 라이프 스타일을 제안하신 거군요.

단순히 사진을 찍고 보는 기능에서 벗어나 보자는 취지였어요. MZ세대들의 라이프 스타일에 우리 제품이 녹아들길 원했거든요. 그래서 다양한 콘텐츠나 아이템들을 제안한 거죠.

Q. 인스탁스라는 제품을 카메라로 접근하는 게 아니라 내 라이프 스타일을 즐길 수 있는 창의적인 도구로 활용하는 셈이군요.

고가의 카메라를 쓰는 사람들은 작품 위주의 사진을 많이 찍을 거예요. 일상과는 조금 동떨어진 예술로 접근하는 거죠. 물론 그런 분들도 우리 고객이지만 **인스탁스**는 일상에 좀 더 가까운 아이템이잖아요. 보통 엄청나게 잘 찍은 작품 사진이 아닌 한 굳이 뽑을 필요가 없다고 생각하기 쉽죠. 하지만 오늘 먹은 케이크도 **인스탁스** 사진으로 뽑아서 기록할 수 있어요. '내가 이렇게 즐거운 경험을 했다'는 것을 기록으로 남기는 것도 재미와 의미가 있다고 생각했어요. 그 자체로 평범한 일상이 좀 더 풍요로워질 수 있으니까요.

Q. 인스탁스의 주 고객은 누구라고 생각하세요?

2030 여성이 주 타깃이에요. 카메라 디자인부터 좀 아기자기하잖아요? 일상을 기록하거나 소소한 행복을 추구하는 분들 중에는 아무래도 여성들이 많죠. 요즘은 연령대가 10대까지 내려갔어요. 30대 중에도 아날로그 감성을 좋아하는 사람들이 적지 않고요. 다꾸(다이어리 꾸미기)라든지 뭔가 손으로 만들기를 좋아하는 분들이 많아요.

Q. 이런 사람들이 인스탁스를 통해 어떤 욕구를 채운다고 생각하세요?

인스탁스로 찍은 사진은 딱 한 장밖에 없잖아요. 그 특별함과 희소가치를 중요하게 생각하는 것 같아요.

Q. 그런 사람들이 주로 어디에 모여 있을까요?

소소일작 캠페인을 온라인에서 많이 진행했어요. 정확한 타깃팅이 가능한 SNS 콘텐츠로 접근하다 보니 오히려 오프라인에 대한 갈망이 컸어요. 캠페인 자체가 아날로그적인데, 온라인으로만 고객을 만나기가 너무 아쉬운 거죠. 사실 우리가 직접 운영하는 오프라인 매장이 많지 않거든요. 사진관은 있지만 브랜딩을 위한 별도의 공간을 따로 가지고 있지는 않아요. 그래서 항상 '오프라인에서 행사할 수 있으면 좋겠다' '경험을 제공하면 좋겠다'는 생각을 했죠. 그러다 성수동에 오프라인 팝업 매장을 열게 되었어요. 코로나 시국인데도 정말 많은 분들이 와주었어요.

물론 온라인에서도 타깃팅을 통해 고객들을 찾아다니고, 인플루언서와 유튜버, 우리와 결이 맞는 친구들이 **인스탁스**만의 사진 문화를 전파하는 역할을 하고 있어요. 하지만 앞으로는 오프라인에서 만남의 기회를 점차 늘려나갈 생각입니다. 매장에서 직접 아날로그 경험을 할 수 있도록 말입니다.

Q. 인스탁스 카메라를 쓴다는 것은 아날로그의 맛을 안다는 뜻이 아닐까요?

성수동에 오픈한 소소일장 팝업스토어 (출처 : 한국후지필름)

요즘은 브랜드 경험이 중요한 화두잖아요. 그런 점에 굉장히 잘 어울리는 브랜드가 **인스탁스**라고 생각합니다. 물건을 구매하는 게 아니라 경험하는 것에 중점을 두는 브랜드이니까요. 특히 오프라인에서 고객들이 좋아하는 모습을 보니 확실히 아날로그의 힘은 다르다는 것을 느꼈어요. 최근에는 문구 브랜드를 많이 만나는데, 일상의 기록이라는 주제에 맞춰 메시지를 전달할 수 있기 때문이에요. 성수동이나 연희동, 연남동에 있는 문구점이나 소품숍들을 많이 찾아다니는 중입니다.

Q. 브랜딩이란 무엇이라고 생각하나요?

고객과 기업 간의 관계라고 생각하고 있어요. 예전에는 사고파는 관계였다면 지금은 서로 친구가 되는 과정이라고 생각해요. 심지어 친구를 넘어 고객이 팬이 되고 추종하는, 어떻게 보면 자기 정체성을 브랜드를 통해 실현하는 과정이 브랜딩 아닐까요? 나와 생각이나 가치관이 비슷한 사람들과 친구를 맺고 싶어 하잖아요. 마찬가지로 뭔가 나의 정체성과 맞닿은 브랜드를 사용하고 싶고, 팬이 되고 싶은 거죠. 그 브랜드를 통해 자신만의 취향을 표현하고 싶을 수도 있고요.

Q. 특별히 좋아하는 브랜드가 있을까요?

저는 새로운 브랜드에 늘 관심이 많은 편이에요. 개인이 만든 작은 브랜드, 성수동의 작은 카페에서 아이디어를 많이 얻고 있어요. 대형 브랜드보다 자기 취향을 반영해 만든 가게와 브랜드에서 매력을 많이 느껴요. 자신의 개성을 담아 자유롭게 론칭한 브랜드잖아요.

Q. 주로 어디서 영감이나 아이디어를 얻으시나요?

디에디트 같은 온라인 매거진을 주로 구독합니다. **현대카드**에서 발행하는 다이브라는 앱도 있고, **네이버 디자인**에서 발간하는 솔트라는 매거진도 있어요. 관심 있는 메일링 서비스를 구독하고, 다양한 SNS와 블로그도 수시로 모니터링하고 있어요. 또 우리 브랜드가 다른 브랜드와 협업을 많이 하는 편이어서 작은 브랜드나 크리에이터들도 많이 만납니다. 그들과 이야기를 나누다 보면 생각하는 것도 비슷하고, 아이디어나 영감을 얻는 부분들도 유사하더라고요

Q. '소소일작' 같은 캠페인을 하면서 그런 분들을 많이 만나겠네요.

우리보다 훨씬 적은 인력과 예산으로도 뛰어난 결과물을 만들어 내는 것을 보고 많이 배웁니다. 예전에는 TV 광고가 아니면 자신을 알릴 방법이 없었는데, 이제 평범한 개인들도 저마다 다양한 브랜드를 추구하고 직접 만들잖아요. 취향이 세분화되어 다양한 브랜드들이 많이 생겨났고, 그만큼 고객들의 선택지도 많이 늘어났어요.

Q. 콜라보도 많이 진행해 봤을 것 같은데요.

처음부터 끝까지 모든 것을 직접 했다면 다양한 아이디어가 나오지 않았을 거예요. 사실 소소일작은 처음부터 콜라보였어요. 앞으로도 작은 브랜드들과 협업해서 다양한 상품, 클래스, 콘텐츠를 기획할 예정입니다.

Q. 어떤 브랜드들과 함께하고 싶으세요?

저희가 콜라보했던 브랜드 중에 터프팅 스튜디오 브랜드가 하나 있어요. **프탓스튜디오**라는 브랜드인데, 성수동 팝업 매장을 할 때 함께했죠. 요즘은 자기만의 스타일로 인테리어 소품을 만드는 게 유행이어서 터프팅을 활용한 사진 액세서리를 함께 만들어 보자고 제안했는데 오히려 더 적극적으로 아이디어를 주셔서 정말 즐거웠던

협업으로 기억해요.

그리고 **오늘의집**의 커뮤니티 브랜드 **오하우스**와도 소중한 인연이 닿아 성수동 팝업 매장에서 **오하우스** 회원분들과 함께 나만의 특별한 터프팅 액자를 만드는 클래스를 진행했는데, 회원님들이 직접 만든 액자 결과물들이 SNS로 속속 인증되니 저희도 굉장히 뿌듯하더라고요.

Q. 한국후지필름의 가장 큰 경쟁력을 한마디로 이야기한다면 무엇일까요?

'사람들의 추억이 훼손되지 않고 오랫동안 보존될 수 있도록 하는 것'이 우리 회사의 목표입니다. 그런 품질력은 확실히 다르다고 생각하거든요. 오랫동안 좋은 화질로 한 사람의 추억을 보존한다는 점에서는 우리가 우위를 갖고 있다고 생각합니다. **인스탁스**와 **한국후지필름**의 일종의 미션 같은 것이죠.

Q. 브랜드 매니저가 되고 싶어 하는 친구들에게 무엇을 준비하고 어떤 걸 경험하라고 말하면 좋을까요?

좋아하는 게 있으면 직접 가보고 경험해 봐야 합니다. 상황이 여의치 않으면 간접적으로라도 경험할 수 있어야 합니다. 저는 핀터레스트나 인스타그램을 많이 검색하는 편이에요. 디자인이라든가 콘텐츠 아이디어, 인사이트들을 많이 수집하고, 나름대로 카테고리를 정해서 저장하고 있어요.

Q. 브랜더나 마케터는 어떤 사람들에게 어울리는 직업일까요?

물론 월급이나 안정성도 중요하지만 나에게 맞지 않는 일을 하면서 몇십 년 동안 그 회사에서 일하는 것은 시간낭비라고 생각합니다. 내가 원하는 가치에 맞는 브랜드의 매니저가 되는 것이 시간을 아끼는 일입니다. 어떤 분은 굉장히 꼼꼼해서 관리와 행정적인 일은 잘 처리하는데, 브랜딩이나 마케팅에는 젬병이에요. 이제 막 마케터로 들어와 고생하는 친구들도 있고요. 내가 잘하는 것이나 좋아하는 것이 무엇인지 빠르게 판단해서 자신의 적성에 맞는 일을 찾아가는 것이 가장 중요하다고 생각합니다.

자기가 잘할 수 있는 일이 분명 따로 있습니다. 그런데 본인의 능력이 부족하다고 느끼는 친구들이 많아요. 그저 자신에게 어울리는 일을 찾지 못한 것일 뿐인데 말이죠. 또 빨리 낙담하는 친구들도 있어요. 이 일이 매번 평가받는 일이잖아요. 이벤트를 하든, 상품을 만들든 '저거 별로야' '싫어' '관심 없어', 이런 반응 하나하나에 상처를 받으면 이 일을 할 수 없겠죠.

고객들의 니즈를 계속 간파하고, 계속 공부하고, 부족한 부분들을 채워나가는 것도 중요합니다. 하지만 실패를 두려워하지 않는 마음, 나를 드러낼 수 있는 용기도 그만큼 중요하다고 생각합니다. 이런 걸 누가 좋아할까? 혹시 싫어하지 않을까? 이렇게 주저하다 보면 아무것도 하지 못하고 점점 위축되게 돼요. 욕을 먹더라도 '내가 좋아하는 것을 사람들도 분명히 좋아할 거야'라는 확신과 용기를 가지고 끝까지 밀어붙일 필요가 있습니다. 방향이 잘못됐다고 하더라도 새로운 방법을 찾으면 되니까요.

Q. 취업을 준비하는 친구들에게 정말 필요한 메시지인 것 같습니다. 계속 배우고 도전하는 수밖에 없겠군요.

스스로 발전하려면 실패를 두려워하지 않고 계속 도전해야 합니다. 그 과정에서 개선할 점을 찾아야 하고요. 트렌드가 이렇게 빨리 변하는데 옛날 수준에 계속 머물러 있으면 안 되잖아요. 매니저나 팀장일수록 공부를 더 많이 해야 해요. 어린 친구들은 또래의 트렌드를 잘 알고 있지만 저는 모르잖아요. 그들을 만족시키려면 그들이 뭘 좋아하는지 알아야 합니다. 몇몇 나이 많은 팀장님들은 자신이 다 알고 있다고 생각하고 공부해야 한다는 사실을 받아들이지 않아요. 하지만 나이 든 사람이 젊은이들의 취향을 모르는 게 당연하지 않나요?

Q. 모른다는 것 자체를 두려워하는 것 아닐까요?

MZ세대들의 마음을 모를 수 있죠. 어린 친구들이 좋아하는 장소에 가보고, 그런 물건을 사보고, 어디서 어떤 매력을 느끼는지 대화도 해봐야 합니다. 과거의 성공에 취해 있으면 어느 순간 발전이라고는 없고 꼰대 소리만 들을 뿐입니다. 브랜드 매니저라면 끊임없이 배우고 세상을 관찰해야 해요. 변화에 익숙해지고 계속 도전해야죠.

<한국후지필름> 브랜딩 프로세스

1 | 브랜드 컨셉휠

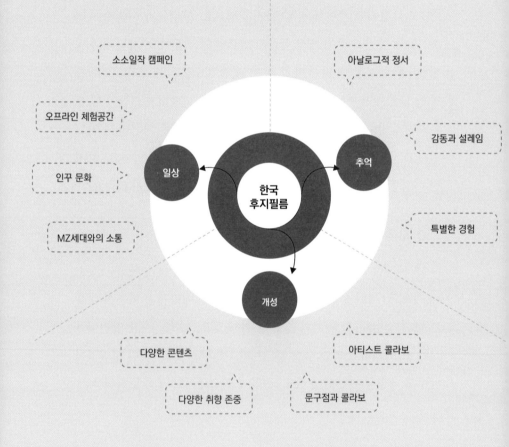

2 | 가치 제안 캔버스

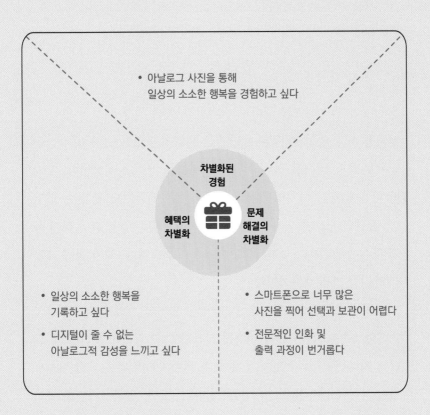

- 아날로그 사진을 통해
  일상의 소소한 행복을 경험하고 싶다

**차별화된
경험**

**혜택의
차별화**

**문제
해결의
차별화**

- 일상의 소소한 행복을
  기록하고 싶다
- 디지털이 줄 수 없는
  아날로그적 감성을 느끼고 싶다

- 스마트폰으로 너무 많은
  사진을 찍어 선택과 보관이 어렵다
- 전문적인 인화 및
  출력 과정이 번거롭다

코니 아기띠

농구와 필라테스를 좋아하는 평범한 30대 직장 여성이 있었다. 결혼을 하고 임신 9개월까지도 출근을 쉬지 않았다. 마침내 출산을 앞두고 폭풍 검색을 하며 하나둘 준비물을 챙기기 시작했다. 하지만 마음에 드는 아기띠는 예정일이 다가올 때까지도 찾을 수 없었다. 관련된 정보나 후기를 찾기가 어려웠기 때문이다. 고민 끝에 유럽 왕실에서 쓴다는 20만 원대 아기띠를 선택했다. 비싼 만큼 제값을 하리란 믿음 때문이었다.

그렇게 출산을 했고, 하루에 8번 젖을 먹이고 기저귀 10개를 갈아주어야 하는 혹독한 육아 전쟁이 시작되었다. 그런데 출산한 지 40일이 지나던 어느 날 갑자기 목 뒤가 뻣뻣해지며 목을 돌리는데 목덜미 안쪽에 따뜻한 느낌이 퍼졌다. 예전에 한 번 파열되었던 목디스크가 재파열된 것이다.

의사는 입원을 권했지만 젖먹이 아이 때문에 어쩔 수 없이 약을 먹으며 통원 치료를 했다. 그제야 미리 사두었던 아기띠를 꺼냈지만 그 번거로움은 이루 말할 수 없었다. 크고 비싼 아기띠라고 다 좋은 게 아니라는 사실을 깨닫고, 주변에서 물려받기도 하고 가볍고 편하다는 아기띠를 사기도 했다. 그렇게 써본 아기띠만 9개였다. 하지만 까다로운 이 엄마의 마음에 꼭 맞는 아기띠를 찾는 일은 요원하기만 했다. 그때 남편이 무심코 던진 한마디가 그녀의 마음에 날아와 꽂혔다.

"그럼 직접 만들어 봐. 맘에 쏙 드는 걸로."

그렇게 탄생한 아기띠 브랜드 **코니**의 스토리를 홈페이지에서 찾아 읽었다. 아마도 아기띠가 아니었다면 이 브랜드가 만든 어떤 제

[#1. 제작노트] "직접 만들어봐. 네 맘에 쏙 드는 아기띠"

[#2. 제작노트] 맨땅에 헤딩하며 만든 첫 샘플

[#3. 제작노트] 직접 써보면서 결정한 아기띠 메인 원단

[#4. 제작노트] 왜 이름이 코니에요? 브랜딩의 시작

부모로서의 삶을 더 쉽고 멋지게 만드는 육아 라이프 스타일 브랜드 '코니'   (출처 : 코니)

품이라도 살 수 있을 것 같았다. 진정성과 열정이 느껴졌기 때문이다. 제품을 구상하고 만들기까지 힘들었던 과정들이 마치 동영상을 보듯 생생하게 전해졌다. 불편함을 결코 그냥 넘길 수 없었던 한 엄마의 집요함으로 만든 물건이라면 무엇이든 믿을 수 있겠다는 확신이 들었다. 그녀의 이야기는 거대한 브랜드의 화려한 스토리와는 거리가 멀었다. 오히려 〈인간극장〉이나 〈나는 자연인이다〉와 같은 다큐 프로그램에 가까울 정도로 생생하고 절실했다. 이제껏 읽어본 어떤 브랜드 스토리에서도 볼 수 없었던 진정성을 고스란히 느낄 수 있었다.

많은 분들이 브랜드 스토리를 만들어 달라고 의뢰해 온다. 그때마다 우리는 브랜드는 만드는 것이 아니라 '발견'되는 것이라고 말한다. 책 한 권 분량의 이야기를 가지지 않은 사람은 찾아보기 어렵다. 입사를 하든 창업을 하든 우리는 언제나 처음 하는 일에서 '어려움'을 겪고, 그것을 '극복'해 나간다. 그런데 누군가는 같은 경험을 흘려버리는가 하면, 누군가는 그 경험을 반추하고 곱씹어 교훈을 얻는다. 그렇게 일하는 사람, 그렇게 물건을 만드는 사람, 그렇게 가게를 꾸려가는 사람들은 '남다른' 결과를 만들어 낸다. 브랜드 스토리란 바로 그런 과정을 기억하고 기록하는 사람들이 만들어 가는 것이다.

세상에 쉽게 만들어지는 브랜드는 없다. 누구나 아무것도 없는 상태에서 제품을 만들고 서비스를 시작한다. 하지만 그 과정을 기록하는 사람은 많지 않다. 그것이 신생 브랜드의 가장 큰 자산이라는 사실을 아는 사람도 많지 않다. 전문가에게 브랜드 스토리를 의뢰하기 전에 이것만큼은 꼭 고민해 보자. '나는 왜 이 일을 시작했는가' '그 과정에서 어떤 어려움을 겪었는가' 그리고 '그 어려움을 어떻게 극복하고 성과를 만들어 냈는가' 이 3가지 질문에 답할 수 없다면 당신은 아직 브랜드 스토리를 고민할 때가 아닌지도 모른다.

아기띠 브랜드 **코니**는 이 질문에 스스로 답하고 있었다. 그 모든 스토리를 홈페이지에 고스란히 옮겨 놓고 있었기 때문이다. 그리고 꼬리에 꼬리를 물고 이어진 후기와 리뷰를 통해 소비자들의 긍정적인 반응을 끌어낼 수 있었다.

브랜드 스토리는 마법이 아니다. 전문가의 도움으로 며칠 혹은 몇 달 만에 뚝딱하고 만들어 낼 수 있는 것이 아니다. 어떤 브랜드도 어려움 없이 성공하지는 않았을 것이다. 그러니 오늘부터라도 우리의 브랜드 스토리를 기록해 보자. 블로그든 인스타그램이든 페이스북이든 어디라도 좋다. 언젠가 당신이 만든 브랜드의 가장 큰 자산이 되어줄 것이라 확신한다.

Chapter 6

브랜드 경험

Brand Experience

이번에는 **한국후지필름**이 아닌 **인스탁스** 마케팅팀에게 직접 이야기를 들어보았다. 같은 제품을 가지고 브랜딩하지만 영업팀 출신의 팀장님은 아무래도 프로모션에 더 관심이 있어 보였다. 하지만 놀랍게도 제품의 특장점을 풀어가는 방식은 **한국후지필름**과 거의 일맥상통했다. 이들은 모두 **인스탁스**의 차별화된 경쟁력을 제품의 성능이 아닌 소비자들과의 아날로그적인 교감에서 찾고 있었다. 스마트폰 안에 디지털 파일로 머물러 있는 사진이 아닌, 직접 인화하고 자르고 붙이고 나누는 과정을 통해 단순한 사진은 작품이 되기도 하고 보물이 되기도 한다. 우리는 이것을 '브랜드 경험'이라고 부른다.

어떤 단어의 진짜 의미를 알고 싶다면 반대의 뜻을 가진 단어를 나열해 보면 된다. 같은 방법으로 좋은 브랜드 경험이 무엇인지 정의하려면 나쁜 브랜드 경험을 떠올려보는 것도 좋다.

한번은 대출이 급해 은행을 찾아갔다. 대출이 쉽지 않았지만 주거래 은행이니 좀 더 신경 써달라며 담당자를 졸랐다. 그때 나름 애쓰는 직원 뒤에서 간부급으로 보이는 사람이 지나가는 말로 이렇게 중얼거렸다. "월급 넣었다 빼는 것 가지고 주거래 은행은 무슨…." 10년이 훌쩍 지난 지금도 그 말을 선명하게 기억한다. 이후 '그 은행과 절대 거래하지 않는다'는 원칙을 지금까지 지키고 있다.

또 다른 한 곳은 묵은지 찌개를 파는 맛집이었다. 문을 열고 들어갔는데 주인이 불러 세웠다. 열린 문을 닫고 오라는 거였다. 다음 번 갔을 때도 여전히 문은 자동으로 닫히지 않았고 주인은 짜증 내며 다시 문을 닫고 오라고 했다. 그 식당은 살아생전 다시 가지 않을 생각이다.

집으로 가는 길에 가장 먼저 마주치는 편의점에서 음료수 하나를 꺼냈다. 마침 1+1 행사상품이었다. 같은 상품으로 다른 맛을 하나 더 골랐다. 계산대에 올려놓으니 주인이 다른 맛은 안 된다며 굳이 핀잔을 주었다. 지나가는 길에 마주치는 그 여자 사장은 가게 앞에서 대놓고 담배를 피웠다. 그 후로 아무리 급해도 그 가게는 다시 찾지 않았다.

집 앞의 다른 편의점은 갈 때마다 카운터의 주인과 잡담을 나눈다. 주인아저씨는 나의 자전거를 궁금해하고, 주인아주머니는 종종 유통기한이 지난 식빵을 챙겨준다. 단 5분이라도 손님에게 기분 좋은 시간을 선물하는 것, 그것이 거창한 '브랜드 경험'이라고 감히 말

특별한 문화를 경험할 수 있는 스타벅스 매장   (출처 : 스타벅스 홈페이지)

해도 되는 걸까? 적어도 나는 그렇다고 믿는다.

경험이란 이렇게 소비자의 발걸음을 부르거나 끊는 강력한 힘을 가졌다. 무조건 친절해야 한다는 말이 아니다. 그 가게에 가면 경험할 수 있는 보이지 않는 아우라가 있다는 것이다. 그것은 무형의 자산이라 흉내 낼 수도 없다. **스타벅스**의 아우라는 그냥 만들어진 것이 아니다. 철저히 연구하고 노력한 결과물이다. 심지어 강배전**dark roasting***으로 맛이 떨어진다고 알려진 **스타벅스**가 받는 사랑은 결코 우연이 아니다.

에어비앤비가 사람들의 사랑을 받는 것은 단지 숙박 장소를 제공

---

* 커피 원두는 로스팅(roasting) 시간이 길어질수록 더 풍부한 향을 지니는데, 그 과정에서 쓴맛과 달콤한 맛은
   더욱 드러나고 신맛과 카페인은 줄어든다.

하기 때문만은 아니다. 현지인들, 그리고 그들의 삶과 '연결'한다는 점이 여느 호텔들과 차별화되는 것이다. **당근마켓**은 어떤가? 중고 거래가 핵심인 **중고나라**가 여러 면에서 압도적으로 유리할 수 있다. 물건도 많고 가격도 조금 높게 받을 수 있다. 하지만 **당근마켓**은 **중고나라**가 절대 줄 수 없는 경험을 제공한다. 바로 뜻하지 않게 벌어지는 이웃과의 만남이다.

인터넷에는 **당근마켓**을 통해 만난 사람들의 에피소드들이 즐비하다. 그럴 수밖에 없다. 인근 동네 사람들과 만나 대면거래를 해야 하기 때문이다. 그 과정에서 뜻하지 않은 만남과 대화로 이어지는 것은 **당근마켓**만의 매력이다. 그럼 과연 **당근마켓**은 처음부터 이걸 계획하고 설계한 것일까? 나는 아니라고 생각한다. 이 서비스는 사내 게시판에서 시작되었다. 같은 회사 사람들끼리 필요한 물건을 게시판을 통해 교환한 것이다. 이 거래의 가능성을 본 **네이버**와 **카카오** 출신의 창업자들이 **당근마켓**을 만들었고, 그 결과는 수백억의 투자로 이어졌다.

———

동네에 있는 **하이마트**는 갈 때마다 무엇을 사러 왔는지 일일이 확인한다. 그리고 매장으로 들어오는 사람 등 뒤에서 손님이 무엇을 사러 왔는지 위층 직원에게 일일이 알린다. 그런데 굳이 이 과정이 왜 필요한지 잘 모르겠다. 반면 **애플** 매장은 아무 때고 들어가 부담 없이 제품들을 만지작거리다 나올 수 있다. 강남역 삼성 본사 지하의 **딜라이트** 매장도 마찬가지다. 그래서 어지간히 급한 일이 아니면 **하이마트** 매장을 찾지 않는다. 왠지 모르게 의심받는 듯한 기분이 들기 때문이다.

이니스프리는 이런 손님들의 심리를 잘 알고 2개의 쇼핑 바구니를 준비했다. 그중 하나는 '도움이 필요 없다'는 문구가 적혀 있다. 다른 하나는 '직원의 도움이 필요하다'라고 쓰여 있다. 이 미묘한 차이의 서비스는 나처럼 예민한 사람들에게는 정말 멋진 경험을 제공한다. '브랜드 경험'이란 이처럼 소비자들의 디테일한 욕구를 미리 파악하고 채워주는 것이다. 요즘 소비자들은 기계적인 친절을 받을 만큼 받은 사람들이다. 그런 소비자들이 원하는 것은 어쩌면 아주 작은 차이에서 나오는 것이 아닐까?

———

어느 나라의 공주가 병이 들었다. 공주를 사랑한 왕이 무엇이든 들어줄 테니 소원을 말하라고 했다. 공주는 하늘에 떠 있는 달을 갖고 싶다고 했다. 온 나라의 전문가들이 모여 그것이 왜 불가능한지를 왕에게 설명했다. 하지만 단 한 사람만이 그것이 가능하다고 했다. 여러 나라를 전전하며 공연하는 한 젊은 광대였다. 그는 달 모양의 조그만 조각을 만들어 공주에게 선물했다. 공주는 흡족해하며 자리에서 일어났다.

공주가 원한 것은 엄청난 크기의 실제 행성이 아니었다. 공주의 눈에는 그저 손톱만한 작은 초승달일 뿐이었다. 마케터와 브랜드 매니저들에게 필요한 것은 공주의 마음을 읽어내는 관심과 애정, 그리고 섬세한 관찰 능력이 아닐까? 그래서 나는 가끔 아이들 그림동화를 읽는다. 하늘에 뜬 초승달을 손톱 위에 올려보는 공주의 마음을 헤아려보기 위해서다.

━━━━━

많은 이들이 브랜딩과 마케팅의 차이를 혼동하기도 한다. 나는 그 차이가 제품과 서비스를 넘어선 가치의 발현에서 나온다고 생각한다. 예를 들어 자동차를 배기량이나 속도와 같은 숫자로만 바라보는 것은 마케팅이다. 하지만 **미니**의 감수성이나 **랜드로버**의 야생성을 떠올리는 것은 브랜딩의 영역이다. 제품과 서비스의 쓸모를 넘어선 차별화된 가치 혹은 경험을 제공하는 것이 브랜딩이다.

디즈니랜드를 놀이공원으로 본다면 마케팅에 머무르는 것이다. 하지만 어른과 아이들에게 판타지를 제공한다면 브랜딩이 되는 것이다. 어느 날 **디즈니랜드**에 있는 식당에 부부가 찾아와 3인분을 주문했다. 이를 의아하게 여긴 종업원이 이유를 묻자, 지금은 세상을 떠난 자신들의 아이가 이곳의 음식을 좋아했기 때문이라고 말했다. 그 말을 들은 종업원은 말없이 아이용 의자를 세 번째 그릇 앞에 가져다주었다고 한다.

브랜드를 '경험'한다는 것은 과연 무엇일까? 손님들의 환상을 깨지 않기 위해 직원들이 이동하는 별도의 통로를 만든 **디즈니랜드**의 노력은 어떻게 이해해야 할까? 그냥 좋은 제품을 만들어 싸게 팔면 된다고 말하는 사람들에게 브랜딩은 그저 사치요 포장일 뿐이다. 하지만 세상에는 숫자로 말할 수 없는 것들이 얼마나 많은지 모른다. 친구가 강력 추천하는 울산의 **나사리식당**을 찾아보니 같은 장소에서 찍은 듯한 사진으로 가득했다. 친구는 그곳을 '뷰 맛집'이라고 불렀다. 사진을 본 나는 고개를 끄덕였다. 대한민국에 딱 하나 있을 법한 풍경에 나도 반했으니 말이다.

푸른 하늘이 보이는 나사리식당　　　　　　　　(출처 : 인스타그램 @nasari_kitchen)

젠틀몬스터가 오래된 목욕탕에 매장을 만든 이유는 무엇일까? 그저 안경을 팔기 위한 목적이라면 그처럼 비효율적인 투자도 없을 것이다. 하지만 **젠틀몬스터**가 이 매장에서 보여주고 싶었던 것은 제품만이 아니었다. 자신들이 얼마나 크리에이티브한 사람들인지를 공간을 통해 말하고 싶었던 것이다. 사람들은 '이런 매장을 기획할 정도라면 선글라스 하나를 만들더라도 세상에 없는 새로운 디자인을 선보일 수 있지 않을까?'라고 생각할 것이다. 이처럼 매장은 그들의 아이덴티티를 오감으로 보여주는 도구로 쓰이고 있는 것이다.

지금까지 광고 메시지는 영상이나 활자로 한정되어 있었다. 또한 지극히 수동적인 방식으로 전달되었다. TV와 라디오를 통한 반복적인 노출로도 충분히 사람들의 마음을 사로잡을 수 있었기 때문이다.

젠틀몬스터의 네 번째 플러그십 스토어 'BATHHOUSE'는 목욕탕을 개조해 '창조의 보전'의 개념을 재현했다.
(출처 : 젠틀몬스터 홈페이지)

하지만 세상이 달라졌다. 카페 하나를 열더라도 특별한 경험을 주지 않으면 사람들은 곧 다른 카페를 찾아 쉽게 떠난다. 자신만의 차별화된 취향을 오감으로 경험하게 할 수 있는 컨셉 없이는 카페 하나도 살아남을 수 없다. 오래전 그날 저녁, **카페 이상**이 보여주었던 그런 경험 말이다.

instax

인스탁스

즉석 카메라, 경험에 눈을 뜨다

Interviewed with

한국후지필름 인스탁스팀 이송이 팀장

**Q. 인스탁스는 다른 어떤 브랜드보다 '경험'이 중요한 브랜드라고 생
각됩니다. 이를 위해 주로 어떤 업무를 하는지 궁금합니다.**

일본 브랜드들은 대부분 일본에서 신제품 전략을 전달받는데, 우
리는 이를 그대로 적용하지 않고 현지화 작업을 진행합니다. 일본에
서 제공하는 가이드와 별도로 우리가 따로 상품을 분석하고, 시장조
사를 하고, 최근 트렌드에 맞춰 시장에 맞는 전략을 세우는 등 새로
운 프로모션을 수립하고 있어요. 신제품 론칭이 있을 때는 우리나라
에 맞게 프리어닝 시즌pre-earning season 작업을 합니다. 그 안에서 시
즌별 마케팅 활동이 들어가죠. 보통 두 달 단위로 프로모션을 기획
하는데, 고객들에게 알리고 고객들이 경험하는 과정, 그리고 랜딩
페이지를 통해 우리 페이지로 유도하고 여기서 구매까지 이루어지
도록 단계별로 기획하고 있습니다.

물론 계획과는 다르게 타깃이나 컨셉이 달라지기도 합니다. 그럼 해당 프로모션의 기획 컨셉과 타깃에 맞춰 광고를 바꿔서 집행하기도 해요. 연령별 타깃이나 취미 카테고리에 따라 조금씩 바꿔가면서 진행하는 거죠.

Q. 소비자 리서치는 어떻게 하나요? 그리고 이를 통해 무엇을 알고 싶은 건가요?

소비자 리서치는 전문회사에 외주를 줍니다. 우리가 알고 싶어 하는 부분들을 전달하면 리서치 회사에서 설계해 주죠. **인스탁스**를 구매한 고객들은 어느 포인트에서 호감을 가지는지, 구매로 전환되는데 기여한 부분은 무엇인지, 아직 구매하지 않은 사람들이 망설이는 이유는 무엇인지 등을 물어봅니다. 주로 사용하는 SNS는 어떤 채널이고, 요즘 관심사는 무엇이며, **인스탁스** 사용자들에게는 언제가 제일 좋았고 어떨 때 사용하는지, 들고 다닐 때 불편함은 없는지, 화질은 만족하는지 등 세세한 부분까지 물어봅니다.

Q. 모두 영업과 연계된 활동들이군요.

판매와 동떨어진 추상적인 활동이 아니라, 실제로 고객들 옆에 붙어서 끌어오는 활동을 합니다. 그 결과 일단 매출에서 차이가 나기 시작했어요. 전년 대비 120% 이상 성장한 것 같아요.

Q. 어떤 프로모션을 통해 소비자 반응을 끌어냈는지 궁금합니다.

2020년 2월부터 준비해 4월에 '미니11'이라는 제품을 론칭했어
요. **인스탁스**의 가장 엔트리 모델이죠. 일본에서 원래 기획했던 것
은 2020년 3월 론칭이었는데 코로나가 2020년 1월부터 시작되었잖
아요. 어쩔 수 없이 론칭을 미루게 되었는데, 그 덕분에 우리 기획력
이 더 단단해졌어요. 코로나 상황을 봐가면서 제대로 기획해 보자고
했죠. 저도 개인적으로는 1년 동안 육아휴직을 썼거든요

제가 복직하는 타이밍에 **인스탁스** 브랜드 전략부서가 생겨서 합
류하게 되었어요. 뭔가 성과를 보여주어야 할 것 같았죠. 구성원 모
두가 영업부서 출신이라 영업하기 수월한 마케팅을 기획하고 싶어
했어요. 그래서 기획했던 미니11 론칭 전략은 인스타그램 내 피드
대량 생성을 통한 수요 확대, 인스타그램 광고로 구매 전환, 컨셉은
코로나에도 할 수 있는 '인스탁스 꾸미기'였어요.

미니 11 인스탁스 꾸미기   (출처 : 인스타그램 @instax_korea)

Q. 영업을 아는 분들의 프로모션이라 조금 남달랐을 것 같아요.

영업을 할 때 가장 힘들었던 점은 사람들이 아직 **인스탁스**를 잘 모른다는 것이었어요. 인지도 부족이었죠. 그래서 미니11로 인지도를 높여야겠다고 생각했어요. 지금까지는 보급형이 아닌 고가 기종이 출시될 때 마케팅 비용을 많이 투입해 인지도를 확대해야 자연스럽게 하위 기종까지 선택할 수 있다는 게 일반적인 전략이었다면 이번에는 생각을 좀 바꿔봤습니다. 가격장벽이 낮은 보급형 모델로 인지도를 확산해서 고객들의 구매로 연결하는 것이죠. MZ세대에게 예쁘게 보일 수 있는 디자인 판촉도 추가하고 판매가 잘 이루어지도록 프로모션으로 광고를 돌렸죠.

Q. 일종의 선택과 집중을 한 셈이로군요.

회사 입장에서는 코로나19로 매출이 30~40%씩 급감하고 있는 상황에서 평달 대비 많은 예산 사용을 승인해 주면서 잘할 거라고 힘을 실어 주었어요. 예전에 화장품 회사를 다닐 때 엔트리 제품인 클렌징 신제품이 나오면 체험단을 평소보다 10배 많이 써서 인지도를 올린 적이 있었는데, 이번에도 같은 방식으로 평소보다 10배 많은 인원의 체험단을 운영했습니다.

Q. 체험단에게 특별히 강조하고 싶었던 마케팅 포인트가 있었나요?

이 제품은 이전 모델에 비해 성능이 크게 개선되었습니다. 이전 제품은 실내에서 찍을 때 렌즈를 수동으로 맞춰야 했어요. 하지만 미니11은 자동 셔터 기능으로 어두운 곳에서는 알아서 플래시가 터지니 모드 선택 버튼이 없어요. 그래서 일본 담당자와 우리 담당자들 모두 이것을 '마케팅 소구 포인트'로 잡자고 했습니다

그런데 아무리 봐도 **인스탁스**를 모르는 사람들에게는 그 기능이 별 의미가 없을 것 같았어요. 소비자들이 무엇을 먼저 볼지를 철저하게 봐야 한다고 생각했거든요. 우리의 주 타깃은 MZ세대이고, 이들은 기능보다 예쁜 것에 반응하는 사람들이니 예쁜 것만 내세우자고 했습니다. 기능은 관심 있어서 들어왔을 때 얘기하자고 밀어붙였죠. 어디에서도 기능은 말하지 않고, 예쁜 것만 강조하는 사진을 촬영해 예뻐 보이는 이미지로만 홍보했어요.

Q. 언제부터 반응이 오기 시작했나요?

첫 2주는 큰 차이가 없었는데 어느 순간 갑자기 매출이 올라가기 시작했습니다. 론칭하고 한 달 조금 지나 SNS에서 인플루언서를 통해 공동구매가 일어났어요. 팔로워들이 공동구매로 사면 자연스럽게 입소문이 나죠. 기존 모델이 한 달에 2,000~3,000대 나갔는데 미니11은 첫 달에만 3,000대가 팔려나갔어요. 2021년 론칭 1주년 기념 프로모션에서는 약 한 달만에 16,000대가 판매되었습니다.

Q. 대단한 성공이네요. 그 외에는 어떤 프로모션을 했나요?

2월에 처음으로 전략부서가 생기고 4월에 론칭했는데, 판촉물이나 광고에서 가장 신경을 많이 쓴 부분은 디자인이었어요. 보통은

내부 디자인팀에서 디자인하는데, 이번에는 라우드소싱으로 디자인을 공모했어요. 이를 통해 **인스탁스**와 함께 사용하면 좋은 아이템들, 예를 들어 필름을 보관하는 통, 필름일기를 쓸 수 있는 일기장, 꾸밀 수 있는 도구들을 넣은 키트를 디자인했죠. 그런 식으로 팔레트 키트, 레트로 키트, 컬러 키트 등의 시리즈를 만들었어요.

　반응이 정말 좋았어요. 판매 대리점에 판촉물을 배분하는데, 보통 빨리 끝나는 곳도 있고 재고가 남는 곳도 있어요. 그런데 고객들이 모든 사이트를 돌아다니면서 굿즈가 남은 대리점들을 찾더라고요. 내부적으로 미니11의 성공요인을 분석해 봤는데, '현지화'와 'MZ세대의 취향'에 철저하게 맞춘 점이 적중한 거 같습니다.

인스탁스 레트로 키트　　　　　　　　　　　　　　　　　　　　(출처 : 한국후지필름)

Q. 현지화 전략에 대해 더 언급할 만한 사례가 있을까요?

최근에 론칭한 '미니40'이라는 모델이 있습니다. 일본에서는 전략적으로 남성들을 대상으로 디자인한 제품이에요. 그런데 우리나라는 남자들이 카메라를 들고 다니는 모습이 잘 그려지지 않더라고요. 일본 **후지필름**에서는 남성을 타깃으로 하라고 했지만, 우리는 남성성을 버리고 대신 보이시하고 시크하고 모던한 것들을 즐기는 여성을 타깃으로 하자고 설득했습니다.

Q. 미니40은 어떤 굿즈를 만들었는지 궁금하네요.

미니40은 가죽 느낌이 나고 진짜 남성적인 모델이에요. 하지만 여성들이 들어도 이상하지 않게 제품을 담을 수 있는 백을 만들었어요. 캠페인 판촉용으로 만들어서 모먼트 백 Moment Bag 이라고 이름 붙였는데, 핸드폰을 담는 파우치처럼 만든 거죠. 모든 순간에 그냥 다 들고 다니라는 의미였어요. 동네 마트에도 들고 다닐 수 있도록 카

보이시하고 시크하고 모던한 것들을 즐기는 여성을 타깃으로 한 '미니40'　　(출처 : 인스탁스)

브랜드 경험 Brand Experience

메라만 딱 들어가는 크기로 2가지 컬러를 만들었어요.

Q. 혹시 아쉬웠던 기획도 있나요? 그리고 제품 판매에 어려웠던 점은 무엇인가요?

기획하는 중에 무산된 것들도 많습니다. 가칭 '인스탁스 트럭 라운딩'은 소비자의 사연을 받아 전국에 있는 카페를 찾아가는 프로모션이었어요. 코로나 때문에 카페를 찾는 사람들이 줄었는데, **인스탁스**를 실은 트럭이 카페에 가서 고객들에게 즉석 사진을 찍어주는 행사였죠. 하지만 코로나가 너무 심해져 아쉽게도 실행하지 못했어요. 최근 2년 동안 가장 아쉬운 부분이 오프라인 행사를 한 번도 못했다는 거예요.

그리고 수입품이다 보니 유통 채널에서 가격이 무너지지 않게 최대한 관리하는 편입니다. 그런데 직구가 활성화되다 보니 우리나라에서는 10만 원에 파는 제품을 아마존에서 좀 더 저렴하게 사는 거예요. 매출이 고공행진을 하다 최근에는 직구를 통한 수급 등 외부적인 요인으로 영향이 좀 있는 편입니다.

저는 우리나라에서 최고의 레드오션이라고 할 수 있는 화장품 회사에 다녔어요. 화장품 시장은 브랜드만 해도 1만 개가 넘으니까요. 그래서 경쟁 상황이 익숙합니다. **인스탁스** 마케팅을 처음 했을 때는 독점으로 보였어요. 경쟁사는 신경 쓰지 않고 수요만 확장하면 될 줄 알았죠. 그런데 그 수요 확장이라는 것이 화장품처럼 생필품이 아니라서 더 어렵더라고요.

Q. 이런 어려움을 어떻게 뚫고 나갈 수 있을까요?

그래서 고민하는 것이 바로 브랜딩입니다. 마케팅하고 브랜딩은 좀 다르잖아요. 너무 목말라 했던 것이 브랜딩이거든요. 화장품 브랜드는 저마다 브랜드 철학과 히스토리가 있습니다. 그런데 **인스탁스**는 가전제품으로 출발해서 그런지 그런 게 없어요. 자체적으로 뭔가 만들려고 해도 쉽지 않고요. 하지만 대체상품들과의 경쟁에서 이길 수 있으려면 브랜딩을 강화해야 한다고 생각합니다.

Q. 인스탁스는 다른 경쟁사나 다른 대체제에 비해 어떤 차별화된 경험을 제공하고 있는가에서 답을 찾아야 하지 않을까요?

MZ세대들이 다양한 대체제가 있는데도 **인스탁스**를 쓰는 이유는 단순히 '사진을 얻겠다'는 것 외에 다른 목적이 있다고 생각합니다. 어떤 순간을 기록하고 자랑하는 것은 정말 즐거운 경험이거든요. 즉석에서 사진이 인화되어 나오는 것은 디지털이 결코 줄 수 없는 경험이니까요. 그 비슷한 것을 흉내 내는 스마트폰 앱도 나왔죠. 사진을 찍으면 며칠 뒤에 사진을 볼 수 있는 앱 말이에요. 우리는 그 기다림의 경험들을 아날로그 감성의 경험으로 제공하고 있습니다.

Q. 경쟁사 모델들에 비해 인스탁스가 가장 강조하고 싶은 차별점은 무엇일까요?

가장 큰 차별점은 아날로그 감성입니다. 솔직히 **인스탁스** 필름이 익숙한 세대는 30~40대일 거예요. 어릴 때부터 필름 카메라가 있었고, 아날로그 경험도 있으니까요. 하지만 우리가 목표로 하는 타깃은 MZ세대들인데, 이들은 필름을 아예 모른다는 거죠.

MZ세대들은 태어났을 때부터 아이패드와 스마트폰을 보고 자란 세대입니다. 그들에게는 사진을 찍은 후 인화한다는 것 자체가 낯설고 생소한 일이에요. 필름이라는 단어 자체가 MZ세대들에게는 완전히 새로운 경험이니까요. 그래서 '차별화 포인트'가 필요했어요. 그런데 **코닥** 미니샷이나 **캐논** 인스픽 등 경쟁사 제품들도 아날로그 감성을 가지고 있어요. 그러다 보니 우리 제품이 차별화되지 않는 거예요. 이제야말로 새로운 차원의 차별화가 필요한 상황입니다.

그래서 제품 자체의 품질을 좀 더 강조해야 하지 않을까 생각하고 있습니다. 물론 기술적인 이야기를 해가면서 렌즈가 어떻고, 인화 품질이 어떻고 하는 것이 아니라 최고의 사진 품질을 체험할 수 있는 공간을 제공하는 것이죠. 아날로그 감성과 품질은 물론 꾸미기 활동까지도 할 수 있는 경험들을 제공하고 싶습니다.

Q. 인스탁스는 캐논이나 경쟁사들에 비해 압도적인 품질력을 갖고 있나요?

인화 방식이 다릅니다. **인스탁스**의 은염인화 방식은 필름 회사 고유의 기술력이기 때문에 경쟁사의 징크나 염료 승화 방식과는 많이 다르죠. 이런 부분을 어떻게 MZ세대들에게 조금 더 쉽게 차별화 포인트로 내세울지 고민입니다. 또 다른 차별점은 다름 아닌 제품 라인업이에요. 다른 경쟁사들은 역사가 짧지만 우리는 역사가 길거든요. 그래서 필요에 따라 다양한 경험치를 제공할 수 있어요. 그런 부분도 차별화할 수 있는 포인트라고 생각합니다.

Q. MZ세대가 인스탁스에 열광하는 포인트는 무엇이라고 생각하세요?

우리는 차별화 포인트 중에서 라인업이 가장 중요하다고 생각해요. MZ세대들은 똑같은 것을 싫어하고 항상 새로운 것들을 원하잖아요. 또 나만의 것을 원하고요. 자신의 스타일대로 커스터마이징하기를 원하기 때문에 그런 점에서 우리 제품이 강점이 있다고 생각합니다. 그래서 '경쟁사는 똑같은 제품만 있으니까 우리의 다양한 라

다양한 제품 라인업을 가지고 있는 인스탁스   **(출처 : 후지필름몰)**

인업에서 원하는 걸 골라봐' 라는 메시지를 전달하고 있습니다.

MZ세대들이 디지털 카메라로 쉽게 찍을 수 있는데 이런 불편함을 감수하는 이유는 오히려 즐겁고 신기한 경험이기 때문일 거예요. 그래서 **인스탁스**는 과거의 것에서 새로운 경험을 제공하고 싶습니다. 사진이 처음 인화되어 나왔을 때의 신기한 경험들이 재미있지 않을까요? 거기에 '우리가 모르는 어떤 답이 있지 않을까' 생각합니다.

Q. 인스탁스가 일본 제품이라는 것이 장점은 아닐 것 같은데요.

네. 그래서 몇 년 전부터 **후지필름**과 **인스탁스**의 브랜드를 분리해서 각각의 마케팅 활동을 하고 있습니다. **인스탁스**는 **인스탁스**만의 젊고 힙한 느낌을 살려 일본 색이 덜 느껴지는 브랜드가 되어가고 있는 것 같습니다. 하지만 이는 어디까지나 브랜드 전략에 따른 활동이고, **인스탁스** 제품을 만드는 회사가 **후지필름**이기 때문에 감출 수는 없는 것 같아요. 일본 회사가 주는 불편한 느낌도 있겠지만, 품질을 신뢰하는 고객들도 많이 계시는 편이에요. 또한 요즘은 고객 주도로 브랜드 이미지가 만들어지고 있다고 생각해서, 저희가 의도적으로 일본 **후지필름**을 가리거나 하지는 않습니다.

Q. 어떤 사람을 팀원으로 뽑고 싶은가요?

최근에 새로 뽑은 직원이 한 명 있어요. 가장 중점적으로 봤던 부분은 '쾌활함'이었어요. 주변 사람들 말도 잘 들어주고, 다방면에서 사람들을 잘 사귈 것 같았죠. 또 트렌드 파악을 위해 개인적인 레퍼런스 서치 reference search 를 하는 채널이 따로 있는지, 소비자들을 이해하기 위한 자기만의 연구 포인트가 있는지를 봤습니다.

사람들은 아이디어가 가장 중요하다고 하지만 그건 어디서나 나올 수 있다고 생각합니다. 아이디어를 얼마나 빠르게, 제대로 실행에 옮기느냐가 더 중요하죠. 결국 사람들을 만나고 경험하고 이들의 심리를 잘 파악해야 합니다. MZ세대 속으로 들어가 이들이 뭘 하면서 노는지, 뭘 하면서 즐기는지 함께 경험하고 이를 통해 아이디어를 만들어 낼 수 있어야 한다고 생각합니다.

〈인스탁스〉 브랜딩 프로세스

1 | 브랜드 컨셉휠

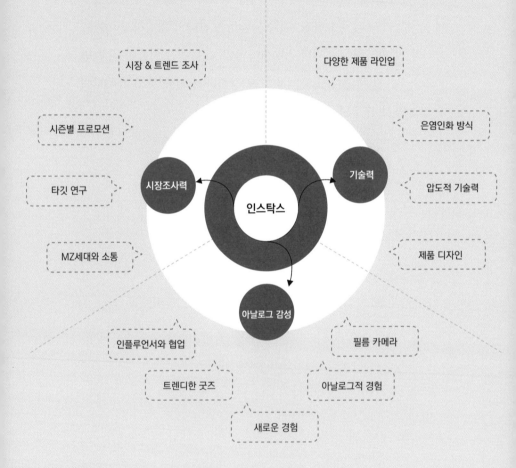

2 | 가치 제안 캔버스

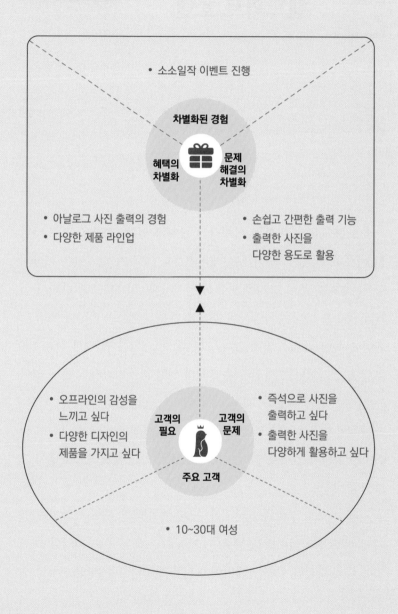

- 소소일작 이벤트 진행

차별화된 경험

**혜택의
차별화** **문제
해결의
차별화**

- 아날로그 사진 출력의 경험
- 다양한 제품 라인업

- 손쉽고 간편한 출력 기능
- 출력한 사진을
  다양한 용도로 활용

- 오프라인의 감성을
  느끼고 싶다
- 다양한 디자인의
  제품을 가지고 싶다

**고객의
필요** **고객의
문제**

- 즉석으로 사진을
  출력하고 싶다
- 출력한 사진을
  다양하게 활용하고 싶다

주요 고객

- 10~30대 여성

**Brand
in
Experience**

핸드픽트 호텔

모노클 MONOCLE 이라는 세계적인 잡지가 있다. 출장을 자주 다니는 비즈니스맨들이 좋아하는 매거진으로, 모두가 디지털을 이야기할 때 오히려 종이 잡지를 만들어 성공했다. 비즈니스를 하면서 전 세계 곳곳을 다니는 사람들이 좋아할 만한 주제들을 다루다 보니 그만큼 안목이 높을 수밖에 없다. 그런데 이 잡지가 전 세계 'TOP 100 호텔'을 선정했다는 사실과 유일하게 선정된 우리나라 호텔이 있다는 사실을 알게 되었다. 과연 어떤 이유로 콧대 높은 글로벌 비즈니스맨들의 마음을 사로잡았는지 궁금했다. 마침 인근에서 강연이 있어 마치자마자 호텔로 달려갔다. 상도동에 있는 **핸드픽트 호텔**이 그 주인공이다.

사전 정보로 로비가 1층이 아닌 9층에 있다는 사실을 알고 있었기에 바로 엘리베이터로 향했다. 보통의 호텔이 주는 위압감 대신 검은 톤의 깔끔한 실내 인테리어가 나를 반겼다. 9층에 있는 식당 겸

전 세계 'TOP 100 호텔'에 선정된 핸드픽트 호텔　　　　　　　　　　　(출처 : 핸드픽트 호텔)

핸드픽트 호텔의 내부　　　　　　　　　　　　　　　　　　　(출처 : 핸드픽트 호텔)

브랜드 경험 Brand Experience

로비에 들어서자 내가 확실히 '다른' 호텔에 왔다는 사실을 느낄 수 있었다. 아담한 식당 한편에서 손님을 맞는 그곳이 로비일 줄은 상상도 하지 못했기 때문이다. 마치 동네 카페에서 주인을 만난 기분으로 체크인을 하고, 자세하지만 크게 해당 사항 없는 안내 및 주의 사항 등을 듣고 바로 객실로 향했다. 과연 잘한 선택일까 고개를 갸웃하면서 말이다.

객실은 그렇게 크지 않았고, 깨끗한 투베드가 하나 놓여 있었다. 그런데 여느 호텔 방 같지 않은 면모가 하나둘 눈에 들어왔다. 일단 화려한 패턴의 카펫이나 벽지가 아니었고, 하나쯤 있을 법한 스탠드 조명도 없었다. 벽에는 그림 한 장 걸려 있지 않았다. 그제야 호텔의 특징 중 하나인 간접조명이 하나도 없다는 사실을 깨달았다. 그야말로 어느 가정집에 꾸며진 여분의 침실 같은 아늑함이 느껴지며 이곳을 찾기 전 이런저런 경로로 얻었던 정보들이 납득되기 시작했다.

이 호텔을 만든 창업자는 우리나라의 주거 형태를 최대한 담을 수 있는 방법을 오랫동안 고민하다 '조명'에서 답을 찾았다고 한다. 보통의 한국 사람들이 선호하는 '직접등'을 설치해 호텔이 주는 위화감을 없앴다는 것이다. 서울의 어느 가정집에 초대받은 듯한 느낌을 주기 위해 이런 선택을 한 것이다. TV 전원을 켜자 자신이 어린 시절을 보낸 이 동네에 호텔을 세운 대표의 스토리가 화면에 나왔다. 내게는 무심했던, 그러나 외국인들에겐 특별했던 이유를 이제야 조금은 알 것 같았다.

이튿날 아침, 간단하게 씻고 다시 9층 로비에 위치한 식당으로 발걸음을 옮겼다. 그런데 엘리베이터를 나와 전날과 똑같이 식당 입구로 들어서자 작은 감탄이 쏟아져 나왔다. 상도동의 언덕에 빼곡히 위치한 집들이 이상하게 아름다운 전경을 만들고 있었기 때문이다. 도시의 분주함이 아닌, 이른 아침 동네 뒷산에 오른 듯한 생경한 상쾌함이 몰려왔다. 조식은 더 놀라웠다. 호텔 조식인데 무려 한식이라니…. 콩나물 국밥의 상차림 또한 여느 국밥과는 전혀 달랐다. 외국인을 고려한 탓인지 간도 세지 않고 정갈하기 그지없었다. 나는 그제야 이 호텔이 그토록 사랑받는 이유를 알 것 같았다.

2016년 설립된 **핸드픽트 호텔**은 2021년까지 12만 명이 넘게 방문했다고 한다. 호텔을 세운 지 8개월 만에 손익분기점을 넘겼다니 놀라운 일이다. 이 호텔의 모토는 '지역의 문호를 호텔에 접목한다'였다. 집처럼 자꾸 생각나는 '소울 플레이스'를 지향하며, 실제로 서울에서 살고 있는 듯한 경험을 외국인들에게 주는 것이 가장 큰 목표라고 했다. 호텔은 지역의 주거 형태와 삶을 담아야 한다는 대표의 고집이 여행객들의 마음을 움직인 것이다.

창밖으로 보이는 서울 상도동의 전경과 정갈한 한식을 기본으로 한 조식 메뉴　　　(출처 : 핸드픽트 호텔)

핸드픽트 호텔은 객실 수가 고작 43개에 불과하다. 이 작은 규모 때문에 손이 많이 가는 한식을 제공할 수 있는 것이라고 했다. 서울이라는 도시를 살아가는 보통 사람들의 삶을 보여주기에 '콩나물 국밥' 같은 소박한 한식이 주는 감흥은 남다를 것이다. 나는 여기서 좋은 브랜드란 결국 과장되지 않은 자신의 모습에서 시작해야 한다는 사실을 다시 깨달을 수 있었다. 작은 카페나 식당, 모텔도 마찬가지다. 어딘가에서 보았던 모습을 흉내 내는 데 그쳐서는 안 된다. 그 대신 내가 살아가는 모습을 그대로 보여주는 데 집중하면 그만이다. 그것이 가장 자연스럽고 나다운 모습이기 때문이다.

가게를, 카페를, 숙박업을 한다면 이 호텔을 방문해 보자. 우리가 평소에 먹고 마시던 것들이 어떻게 호텔의 지위에 오를 수 있는지를 배울 수 있을 것이다. 그리고 그 가게가, 카페가, 모텔이 위치한 동네를 보여줄 수 있는 장치들을 함께 고민해 보자. 그 동네에서만 경험할 수 있는 리스트를 뽑아보는 것이다. 상도동이 특별한 동네가 아님에도 외국인들에게 그 동네가 한없이 정감 있게 보였던 이유는 그 소박함과 자연스러움 때문이었을 것이다. 커피나 음식이 아닌 경험을 제공해야 한다. 그것이 이 시대를 살아가는 우리가 정말로 팔아야 할 것들임을 기억하자. 이 작은 호텔, **핸드픽트**가 그렇게 했던 것처럼 말이다.

Chapter 7

리브랜딩

Rebranding

2019년 5월, 한 유튜브 채널에 하버드, 프린스턴, 예일 등 내로라하는 미국 명문대학의 수학 교수들이 출연했다. 영상의 제목은 '왜 세계적인 수학자들은 분필을 사재기했나(Why the World's Best Mathematicians Are Hoarding Chalk)'였다. 노교수들은 이 영상에서 자신이 얼마나 이 분필에 애정을 가지고 있는지를 말하고 있었다. 그들이 손에 쥔 분필 이름은 **하고로모**였다. 이 영상은 2022년 7월 현재 2,600만 회의 조회 수를 기록하며 폭발적인 인기를 끌고 있다. 평생 분필을 만지며 살아온 이들의 진정성 있는 이야기의 힘 때문이었다.

하고로모, 누가 봐도 일본 이름인데 사실 한국의 분필 브랜드이다. 2016년 재수종합반 수학 강사가 80년이 넘은 이 브랜드를 인수했다. 현재 우리나라 학원 강사의 80~90%는 이 분필을 쓴다. 그 이유는 글씨가 선명하게 보이기 때문이다. 한 강의에 200~300명이 수업을 듣는데, 뒷자리 학생도 잘 보인다고 한다. 어째서 이토록 유명하고 품질 좋은 일본 브랜드를 한국 사람이 인수할 수 있었을까?

CHALK OF CHAMPIONS

GREAT BIG STORY

#Chalk #Teacher #Smooth
Why the World's Best Mathematicians Are Hoarding Chalk

세계적인 석학들이 사용하고 있는 하고로모 분필 　　　　　　　　(출처 : 유튜브)

———

　1932년, 일본에서 첫 생산된 이 분필은 손자가 계승해 3대째 가업으로 이어오고 있었다. 일반적인 석고 분필과 달리 탄산칼슘으로 만든 이 분필은 쉿소리가 나지 않고 선명한 데다 잘 부러지지도 않는다. 게다가 분필 가루가 날리지 않고 곧장 바닥으로 떨어져 사람의 코나 입으로 들어갈 염려도 없다.

　그런데 3대 사장인 와타나베 씨의 건강이 갑자기 악화되어 가업을 유지할 수 없는 상황이 되고 말았다. 와타나베 사장은 일본에서 이 브랜드를 인수할 사람을 찾았으나 많은 기업들이 기술만 가지고 싶어 할 뿐 브랜드는 원하지 않았다. 120년 된 일본 최고의 칠판 회사도 오직 분필 제조법만을 원했다고 한다. 결국 와타나베 사장이 폐업을 결심하기에 이르자 전 세계에서 이 분필을 사재기하는 사람이 생길 정도였다. 이를 안타까워한 사람들 중에는 한국의 신형석 대표도 있었다.

그는 대학에서 건축공학을 전공했다. 교수를 꿈꾸었으나 현실은 녹록지 않았다. 생활비를 벌기 위해 입시학원에서 강의를 시작한 그는 **하고로모** 분필의 매력에 흠뻑 빠졌다. 하지만 한국에서 이 분필을 구하기가 너무 어려워 일본에 있던 제자들에게 연락해 구매 대행을 부탁할 정도였다. 그는 2009년 직접 회사를 차려 **하고로모** 분필을 국내에 유통하기 시작했다. 그 와중에 와타나베 사장의 폐업 소식을 전해 듣고 일본으로 건너가 인수 의사를 밝혔다. 그의 진심을 읽은 와타나베 사장과 딸이 눈물을 흘리며 고마워했다.

사실 신 대표는 이 결정을 내린 직후 굉장히 후회했다고 한다. 그가 직접 투자한 비용만 7~8억 원, 유명 재수학원의 원장 자리도 거절하고 선택한 길이었지만 그 과정은 결코 쉽지 않았다. 대출을 받고 여기저기서 돈을 끌어 모아 모든 걸 쏟아부었다. 와타나베 사장도 수천만 원짜리 기계를 100만 원의 헐값에 제공하는 등 힘을 보탰다. 그렇게 일본 업체들이 인수를 거절했던 **하고로모** 분필은 모든 기계를 나고야에서 포천으로 옮겨와 생산을 시작했다. **하고로모**에서 일하던 재일동포 3세 직원까지 한국으로 넘어와 함께 일하기로 했다. 일본의 브랜드가 한국으로 건너와 명맥을 유지하게 된 것이다.

하고로모 분필은 남다르다. 보통의 분필은 한 수업에 6~7개가 부러지지만 이 분필은 부러지지 않는다. 3~4배의 가격에도 사람들이 찾는 가장 큰 이유다. 탄산칼슘이 원재료인데, 그게 바로 조개껍질이다. 보통의 회사는 조개껍질 100%로 만들지만 **하고로모**는 굴껍질을 비롯해 6~7가지 원료가 더 들어간다. 생산 과정도 길다. 다른 곳에서는 하루 만에 만들 물량을 **하고로모**는 일주일 걸려서 만든다. 하지만 국경을 초월한 이 브랜드의 재탄생 과정을 지켜보면서 많은 사람들이 남다른 관심과 애정을 가지게 되었다.

브랜드란 무엇일까? 왜 사람들은 이 작은 분필 하나에 그토록 열광하는 것일까? 아픈 몸을 이끌고 한국의 공장으로 건너와 생산 공정을 일일이 확인하는 와타나베 사장의 뒷모습에서 브랜드의 진정성, 스토리의 힘을 다시 한 번 확인할 수 있었다.

와타나베 사장이 기술 이전을 요구하는 일본의 업체들에게 요구한 것은 단 하나였다. 바로 **하고로모**라는 이름을 지켜달라는 것이었다. 그러나 이 조건을 기꺼이 수용한 사람은 다름 아닌 한국의 신형석 대표뿐이었다. 와타나베의 세 딸은 아버지의 가업을 이어받을 수 없었다. 사위 한 명이 인수를 시도했다가 두 달 만에 그만두었다고 한다. 결국 이 브랜드의 '가치'를 알아본 한국의 사장에게 그는 비로소 마음을 열었다. 하지만 일본은 자국의 기술이 유출되어 안타까워했고, 한국에서는 일본의 브랜드라며 곱지 않은 눈길로 바라보았다. 다행히 두 사람의 진심은 시장에서 매출로 확인되었다. 2016년 인수 초기 3억 원이었던 매출은 2019년 15억 원을 훌쩍 넘기며 성장 가도를 달리고 있다. 소비자들은 오히려 이들의 이야기를 '아름답게' 기억하며 전파하기 시작한 것이다.

———

시장과 소비자가 달라질 수도 있지만 브랜드가 처한 환경이 완전히 달라질 수도 있다. 일본 브랜드가 한국 브랜드가 되기도 하고, 완전경쟁 시장이 B2B 시장으로 변화하기도 한다. 이때 브랜드의 변신은 필수적이지만 변신의 방법은 달라야 한다. **엘리트** 교복이 그랬다. 제품을 선택하는 소비자가 학생에서 학교로 바뀌었다. 제품을 선택하는 기준도 완전히 달라졌다. 하지만 브랜딩의 원칙은 이때도 변하지 않았다. 제품의 차별화된 경쟁력을 강조하고, 브랜드의 명성과 아우라를 지키는 일에 매진한다. **하고로모**라는 분필 브랜드가 그 랬듯이 말이다. 브랜드의 원산지가 바뀌어도, 소비자가 달라져도 브랜딩의 원칙은 달라지지 않는다. 그것은 어쩌면 우리가 이토록 브랜딩에 집착하며 매달리는 또 하나의 이유가 아닐까? 어떤 상황에서도 통하는 마법과도 같은 힘을 지니는 것 말이다.

엘리트학생복

시장이 바뀌었다, 브랜드도 달라졌다

Interviewed with

형지엘리트 마케팅팀 조경현 차장

Q. 엘리트의 고객은 아무래도 학생들이겠죠?

네. 그렇죠. 그중에서도 신입생들이죠. 매해 봄이면 다음 해 입을 교복 기획이 시작되고, 그 교복을 어떻게 마케팅할지 전반적인 계획을 세웁니다. 표면적으로는 내년도 교복 CF 모델로 누구를 선정하고, 그 모델을 통해 어떤 메시지를 전달할지, 그리고 어떤 채널을 메인으로 할지 등을 정하는 겁니다.

Q. 학생들이 타깃인데, 마케팅은 주로 B2B로 이루어지지 않나요?

2015년 교복의 구매 주체가 학생에서 학교로 바뀌었습니다. 현재 대부분의 학교가 교복 주관구매를 시행 중이죠. 재학 중인 학생들의 어머니로 이루어진 운영위원회에서 다음 해 신입생을 위한 교복을 선택합니다. 이전에는 학생들이 여러 브랜드의 교복을 비교해서 입어보고 나에게 잘 맞는 교복을 고르거나, 내가 좋아하는 모델이 광고하는 교복을 선택했거든요. 하지만 이제는 개개인이 브랜드를 선택할 수 없게 되었어요.

Q. 생각보다 큰 변화로군요. 어떤 변화의 계기가 있었나요?

2015년에 교복 가격 안정화 방안의 일환으로 '학교 주관구매제'가 도입되었어요. 품질심사를 통과한 업체 중 최저가 업체를 선정해 교복을 일괄구매하는 정책인데, 가격 경쟁이 시작된 거죠. 예전에 다양한 브랜드 이미지로 경쟁하던 시스템이 사라진 거예요. 게다가 가격도 상한선이 정해져 있어서 가격 경쟁이 안 되면 제품 경쟁도 한계가 있어요. 마케팅 활동에도 비용 부분에서 제한되어 있어서 전체적으로 어려운 시기를 겪고 있습니다. 그렇지만 저희는 여전히 브랜드를 기반으로 영업하고 있고, 타사에게 상대적 우위를 차지하기 위한 이미지 개선 작업도 계속하고 있어요.

Q. 이전에는 학생들의 취향이나 개성, 트렌드에 따라 전략을 세울 수 있었을 텐데, 시장의 판이 달라져서 몹시 혼란스럽겠네요.

요즘은 소비자들 눈높이가 높잖아요. 가정마다 자녀들이 거의 한 명 아니면 두 명이라 좋은 교복을 입히고 싶어 해요. 그런데 지금은 교복을 복지 차원으로 접근하다 보니 취지는 좋아도 제품 경쟁력을 높이는 데는 한계가 있는 거죠. 가이드라인이 너무 비현실적이에요. 소비자 입장에서도 결코 좋지만은 않다고 생각합니다.

Q. 무상교복 제도는 어떤 건가요?

무상교복을 제일 먼저 시작한 경기도는 현물로 교복을 한 번씩 지급하고 있어요. 서울시는 제로페이로 30만 원씩 지원해서 교복을 살 수 있고요. 처음에는 교복에만 한정했는데, 지금은 학교생활에 필요한 태블릿을 구입해도 됩니다.

Q. 이런 변화가 있기 전에는 어떤 식으로 마케팅을 했나요?

이전 시장에서는 가장 강력한 채널이 유통이었어요. 우리는 전국에 매장이 있거든요. 지역별로 학교 배정 발표가 나면 학생들이 가장 먼저 찾는 곳이 교복사예요. 내년에 입학할 학교의 교복을 미리 입어보는 거죠. 부모님과 같이 와서 비교해 보고 사 입는 시스템이라 우리 매장으로 많은 학생들이 자연스럽게 유입되었어요. 당연히 가장 강력한 홍보 효과를 기대할 수 있었고요. 그래서 많은 브랜드들이 우리에게 제휴 제안을 했어요. 예비 중1, 중2를 직접 만날 수 있는 곳이 바로 **엘리트** 매장이니까요. 매장에 오는 친구들에게 제품 정보를 주고 **엘리트**를 선택할 수밖에 없는 다양한 프로모션을 진행했어요. 하지만 지금은 학교 주관구매로 바뀌어서 내가 어느 학교에 배정됐다고 해도 당장 특정 교복사에 갈 이유가 없는 거죠.

Q. 주관구매로 바뀌고 나서 마케팅에 많은 변화가 있었겠네요.

서울과 경기권은 2층에 문을 여는 매장들이 생기기 시작했어요. 이제는 굳이 1층이 아니어도 상관없으니까요. 이전에는 매장 쇼윈

엘리트 교복 매장

도를 통해 제품을 홍보하고 학생들의 유입을 유도했어요. 그래서 교복사가 특정 학교 앞에 있거나 버스 정류장 앞쪽에 위치하는 경우가 많았죠. 하지만 지금은 지하로 내려가거나 2층으로 올라가는 매장이 많아졌습니다. 당연히 예전에는 중요한 거점이었던 오프라인 매장의 중요성이 지금은 많이 떨어졌죠. 그래서 지금은 온라인 마케팅을 많이 진행하고 있고요.

그러다 보니 **엘리트**의 1차 고객인 대리점들이 마케팅 활동의 효과를 잘 느끼지 못하고 있어요. 아직까지도 오프라인에서 이런저런 이벤트를 진행해야 마케팅을 한다고 느끼는 사람들이 많습니다. 하지만 이제는 오프라인 마케팅으로 예전과 같은 투자 대비 성과를 기대하기 힘들어요. 예전에는 다양한 이벤트를 기획했는데 지금은 많이 축소된 게 사실입니다.

Q. 이제는 학교운영위원회의 결정이 가장 중요한 요소이다 보니 다양한 디자인이나 브랜딩의 효과가 예전보다 덜하겠네요. 이런 상황에서 굳이 브랜딩이 필요할까요?

실제로 공정하게 평가한다는 이유로 제품의 브랜드 로고를 전부 가리고 블라인드 테스트를 하는 학교들도 있어요. 우리 브랜드를 홍보하는 데 어려움이 있죠. 내부에서도 굳이 브랜딩이 필요한가 하는 의견도 나오고요. 현장에서는 브랜드 로고를 가리고 평가하겠다는데 우리의 마케팅 활동이 어떤 의미가 있을까 하는 의문이 생기는 겁니다.

하지만 지금까지 쌓아온 **엘리트**라는 브랜드의 이미지를 무시할 수 없다고 생각합니다. 소비자들에게 여전히 영향력을 끼치고 있다는 것이죠. 1969년부터 시작해 50년 이상 된 브랜드를 찾기도 힘들잖아요. 브랜드의 정체성과 경쟁력에 대한 고민을 계속하면서 시장에서 살아남기 위한 힘을 키워야 한다고 생각합니다.

Q. 그럼에도 불구하고 엘리트가 마케팅, 특히 브랜딩을 해야 하는 이유를 내부적으로 설득할 때 어떻게 접근했나요?

냉정하게 보면 제품의 상한가가 정해져 있기 때문에 모든 교복이 그 정도 선에서 상향 평준화되었습니다. 제품의 품질 수준도 어느 정도 상당히 비슷해졌고요. 그래서 어디에 변별력을 두느냐는 브랜드 이미지와 경험에 대한 만족감이라고 생각합니다. 우리가 브랜딩마저 내려놓는다면 그저 평범한 브랜드가 될 것 같아요. 최근 친환경 소재 개발도 계속하고 있는데, 좋은 브랜드의 노력하는 모습을 소비자들에게 보여주는 게 중요하다고 생각합니다.

Q. 오랫동안 엘리트는 '교복' 하면 제일 먼저 떠오르는 브랜드였어요. 그때의 가장 큰 경쟁력은 무엇이었을까요?

무엇보다 여고생들이 가장 좋아하는 브랜드였습니다. 지금도 그렇지만 당시에도 시장을 리드하는 그룹이 여고생이었어요. 당연히 남자보다 여자, 여중생보다 여고생이었죠. 특히 여고생들은 중학교 때 이미 교복을 입어본 경험이 있고, 자신이 선택할 수 있다는 것을 중요하게 생각했습니다. **엘리트**에서 '치마가 정말 예쁘게 나온 것 같다' '재킷이 예쁘다'고 하면 자연스럽게 입소문이 났죠.

엘리트는 일단 교복 핏이 가장 예뻤어요. 그러한 자부심을 가지고 경쟁할 수 있었습니다. 여고생들에게는 타사 교복과 비교했을 때 디자인으로 인정받고 있었어요. 당시에는 특정 교복이 정해지면 4개 회사가 모두 만들었어요. 이때 똑같은 네이비색이지만, 회사마다 윤기나 느낌이 조금씩 달랐어요. 사용하는 원단이나 패턴이 다르기 때문이죠. 그런데 여고생들은 그 미세한 차이를 알아챘죠. 가장 예민할 때니까요.

Q. 지금은 엘리트만의 특장점으로 무엇을 가장 강조하는지 궁금합니다.

'핏이 예쁘다'는 메시지를 알리려고 노력했고, 지금도 그런 변별력이 소비자들의 머릿속에 남아 있습니다. 또 하나는 전체적인 트렌드의 변화예요. 최근에는 브랜드 슬로건을 '더 편한 교복'으로 정했습니다. '내 몸에 딱, 엘리트'라는 슬로건을 오랫동안 썼는데, 여러 가지 중의적인 의미가 있다 보니 좀 더 확실할 필요가 있더라고요. 대표 키워드로 '편안함'을 앞세운 것도 트렌드 때문입니다. 요즘은 편안한 느낌의 룩이나 핏을 선호하거든요.

Q. 그게 요즘 트렌드인 것 같아요. 오버 사이즈도 유행하고요.

교복은 사이즈가 3단위로 촘촘하게 나뉘어져 있었어요. 성장기에 섬세하게 대응하기 위해서였죠. 그런데 지금은 사이즈가 다시 5단위로 바뀌었어요. 트렌드를 따라가는 거죠. 그리고 원단이나 소재 개발도 적극적으로 하고 있습니다.

Q. 지금은 주로 어떤 광고나 홍보 채널을 통해 마케팅을 하나요?

일단 엄마들을 대상으로 정보 검색을 했을 때 우리 브랜드가 잘 보이도록 작업하고 있어요. 그리고 학생들은 선택권이 없지만, 어쨌든 우리 옷을 입는 사람은 학생들이니 이들과 소통하기 위해 유튜브나 인스타그램 등을 운영·관리하고 있습니다. 아무래도 우리 고객의 대부분이 학생들이기 때문에 이들이 있는 곳에서 최대한 많은 소통을 하고 있어요.

Q. 그런 곳에는 어떤 콘텐츠를 올려야 반응이 오나요?

요즘 친구들이 워낙 자기 이야기하는 것을 좋아합니다. 저마다 SNS 채널도 많이 가지고 있고요. 자기주장이 강하고 자존감도 높은 편이에요. 그래서 유튜버들과 콜라보를 한다든지, 그 친구들의 이야기를 콘텐츠화하는 식으로 진행하고 있어요. 최근에는 'Z세대 보고서'라는 것을 기획하기도 했습니다. 학생들이 실제로 쉬는 시간에 무엇을 하는지, 요즘에는 어떤 아이템이 유행하는지, 학생들 가방에는 무엇이 들어 있는지 확인해 보는 것이죠. 이런 식으로 공감할 수 있는 콘텐츠를 만들려고 노력하고 있습니다.

예전에는 아이돌 모델을 많이 썼기 때문에 모델 콘텐츠로 주로 소통했어요. 모델의 영향력으로 유저가 늘었다 줄었다 하며 콘텐츠의 반응이 좋았죠. 하지만 지금은 모델 파워를 기대하기보다 어떤 콘텐츠로 다가갈까 고민을 많이 합니다. 콘텐츠 지향적인 마케팅으로 변화된 것 같기는 해요.

다양한 모델들과 함께하는 엘리트 교복   (출처 : 형지엘리트)

Q. 아동복 브랜드 ODG는 그냥 학생을 앉혀놓고 옆에서 노래 부르는 영상으로 몇백만 회씩 조회 수가 나오던데, 어떤 이유라고 생각하세요?

공감에 대해 이야기한 것 같아요. 진정성 있는 목소리를 끌어내고, 보는 사람도 뭔가 새로운 것을 깨닫는 콘텐츠예요. 구성이 단순하면서 기획 의도가 너무나 명확해서 일반적인 마케팅과는 다르면서도 효과가 있다고 생각합니다.

그런 의미에서 계속 공부하고 트렌드를 따라가야 합니다. 예전에는 그냥 아이돌 모델 쓰고 메이저 신문, 방송, 라디오에 광고하는 것이 전부였어요. 그런데 이제는 아이들이 TV를 안 보잖아요. 요즘 애들은 자기가 보는 유튜브 채널이 정해져 있어요. 그러다 보니 콘텐츠를 만드는 채널도 중요하고, 그 채널의 어떤 특성이나 소통하는 방법에 대해 조금 더 많은 고민을 해야 할 시기입니다. 시장 환경의 변화와 상관없이 지속적으로 고민해야 할 부분이라고 생각됩니다.

Q. 마케팅이나 브랜딩 아이디어는 주로 어디서 얻나요?

캐릿과 **까탈로그**를 구독하고 있어요. 트렌드 관련 세미나도 많이 참석하고요. 또 아이들이 재미있다고 하는 유튜브 채널들을 구독해서 보고 있습니다. 개인적으로는 다양한 분야를 섭렵하면서 영감을 많이 얻는 편이에요. 미술관에 가고 음악을 들으면서 저 자신에게 많이 투자하고 있어요. 또 지금 주어진 상황 자체가 온라인 위주의 콘텐츠라서 영감을 얻을 수 있는 소스나 채널들을 좀 더 다양하게 넓히고 있습니다.

Q. 29CM은 카피를 잘 쓰기 위해 소설을 읽는다고 하고, 마켓컬리는 전문 작가를 20명이나 보유하고 있잖아요. 비슷한 맥락이 아닌가 싶습니다. 교복 선택이 언제 자율화될지 모르는데, 이에 대한 준비도 하고 있나요?

최근에 대학을 졸업한 친구들을 관심 있게 보고 있어요. 주관구매를 통해 교복을 입었던 세대들이거든요. 이들이 어떤 경험을 가지고 있는지 궁금하더라고요. 물론 저도 교복 세대이지만, 제가 입었을 때와 교복에 대한 이미지가 다른 것 같아요. 그런데 이들도 미니 설문에서 자신이 입었던 교복을 버릴지 보관할지 물어보면 대부분 보관한다고 답하더군요. 아무래도 학창시절 추억이 있는 물건이라 그런 거 같습니다. 그런 제품을 **엘리트**가 만들고 있다는 자부심도 있고, 그만큼 책임감이 필요하다고 생각해요.

그리고 학생들이 많이 가는 곳에 팝업 스토어를 열어 예쁜 교복을 좀 더 다양하게 입어보게 하고 싶습니다. 즉석에서 사진도 찍을 수 있게 만들고요. 물론 실행하기가 쉽지는 않아요. 아무래도 매장의 중요도가 예전보다 많이 떨어졌기 때문이죠. 그래서 최근에는 온라인에서 실제 학생들이 교복을 입고 찍은 사진을 자랑할 수 있는 콘텐츠들을 만들고 있습니다.

Q. 앞으로의 브랜딩 전략은 어떻게 생각하고 있나요?

해마다 입학하는 학생들의 수가 줄어들고 있어요. 그래서 좀 더 많은 친구들이 좋은 품질의 **엘리트** 교복을 입고 학창시절을 즐겁게 보내면 좋겠다는 생각을 많이 합니다. 학창시절을 많이 추억할 수 있도록 말이에요. 그리고 정서적으로 학생들을 응원하는 브랜드가 되려고 노력하고 있습니다. 특히 코로나 팬데믹 시기에 더더욱 교복 입고 학교 가는 것이 얼마나 행복한 일인지를 새삼 느끼게 되죠. 이런 상황에서 **엘리트**가 할 수 있는 역할들을 지속적으로 고민하고 있습니다.

〈엘리트학생복〉 브랜딩 프로세스

1 | 브랜드 컨셉휠

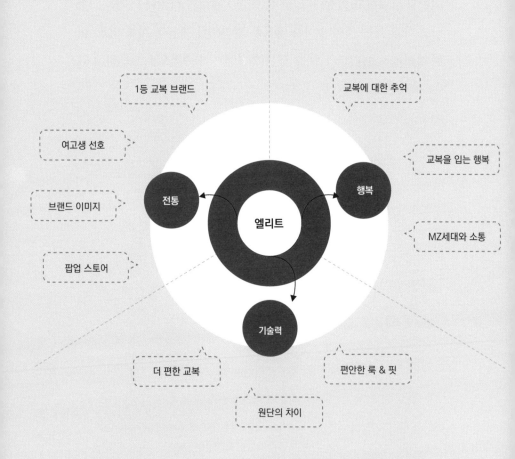

2 | 가치 제안 캔버스

- 운동 등 격한 움직임에도 안전한
- 누가 언제 입어도 편안한

안전한　편안한

추억　우정

- 추억을 소환할 수 있는
- 친구 간의 우애를 다질 수 있는

- 중고등학생
- 인플루언서
- 30~40대 여성들

고객　기존 대안 (경쟁)

- 경쟁 교복 브랜드

고객의 Pain Point

- 핏이 살아 있는 교복을 입고 싶다
- 편안하고 안전한 교복이 필요하다
- 트렌드를 앞서가는 디자인을 원한다

덕화명란

명태는 아낌없이 주는 생선이다. 통째로 국, 찌개를 끓여 먹기도 하고 살을 떠서 부침으로 먹을 수도 있다. 게다가 명태를 말린 북어나 황태는 전혀 다른 맛의 식재료로 변신한다. 명태의 간, 정소(아리)는 좋은 먹거리이고, 아가미와 창난은 젓갈을 담가 먹는다. 그중에서도 알집에 소금을 더해 삭힌 것이 바로 '명란'이다. 명란의 원조는 일본이 아닌 한반도이다. 1907년 함경남도 원산에서 명태 어업을 하던 하구치 이즈하가 명란의 상품성을 알아보고, 1908년 부산 부평동으로 상점을 옮겨 일본, 대만, 만주 등으로 수출하기 시작했다. 이 시기가 바로 명란이 국제화된 상품으로 탈바꿈한 시작점이다.

1993년, 고(故) 장석준 회장이 **덕화푸드**를 창업했다. 장 회장은 2011년에는 수산 제조 분야 최초로 '대한민국명장'에 선정되었고, 명란 하나만으로 '천만불 수출탑'을 수상했다. 그 뒤를 이어 아들 장종수 대표가 더 깊이 명란을 연구하고 있다. 그는 합성보존료, 타르 색

1993년 고(故) 장석준 회장이 창업한 '덕화푸드'　　　　　　　　　　(출처 : 덕화푸드)

덕화푸드의 R&D 기술로 만들어진 덕화명란　　　　　　　　　　(출처 : 덕화푸드)

소, 발색제 등을 넣지 않고 자체 개발한 천연 추출물을 사용해 염도
는 기존 재래식 명란의 3분의 1 수준인 4%로 줄였다. 그리고 그때
그대로 명란, 백명란, 조선명란, 명란 튜브 등을 새로 개발했다.

　　덕화푸드의 가장 큰 자산은 다름 아닌 사람이다. 제조라인에는
10년 이상 함께 일하고 있는 50대 여사님들이 있고, 회사 내에 연구
직 사원만 5명이나 된다. 안정적인 제조 시스템과 숙련된 근로자들,
연구소를 통한 R&D의 조화가 가장 큰 경쟁력인 것이다.

명란은 평범한 식재료이다. 지금과 같은 사랑을 받기 전까지는 100% 일본으로 수출되었다. 이를 계기로 원조의 자부심을 회복한 **덕화명란**은 '리브랜딩'에 집중했다. 패키지를 바꾸고 인문학적 감수성을 가지고 명란을 연구하며, 명란 '본연'의 맛을 찾는 데 집중하고 있다. 먹기 좋은 튜브형을 만드는 등 편리함에 대한 노력도 게을리하지 않고 있다.

온고이지신(溫故而知新), 오래된 것을 새로운 눈으로 바라보면 전혀 다른 제품이 된다. 호미가 그렇고 호랑이 이불이 그렇다. 굳이 뉴트로 트렌드를 들먹이지 않아도 '본래 우리 것'에 대한 아이템은 곳곳에 숨어 있다. **비비고 만두**는 우리 특유의 입맛을 살려 세계적인 기호식품으로 각광받고 있다. 이렇듯 오래되고 평범한 것에 새로운 의미를 부여하는 것이 바로 '리브랜딩'이다.

바깥의 화려한 브랜드에서 잠깐 눈길을 돌려보자. 지금 가지고 있는 우리 것의 가치를 되짚어보아야 한다. 1990년대 명란은 지금과는 많이 달랐을 것이다. 하지만 '우리 것'에 대한 애정을 가지고 '본래'의 맛을 고집한 결과 지금의 **덕화명란**은 제2의 전성기를 맞이할 수 있었다. 과연 이런 제품이 비단 명란뿐일까? 조금은 다른 시각으로 우리의 제품과 서비스를 돌아봐야 할 이유가 바로 여기에 있다.

Chapter 8

온라인 브랜딩

Online Branding

인천에는 **조양방직**이란 카페가 있다. 말 그대로 기존의 방직공장을 카페로 개조한 곳이다. 말이 개조이지 기존의 공장 형태를 그대로 활용하고 있다. 압도적인 카페의 규모 때문에 주문하고 일정 위치를 벗어나면 진동벨이 울리지 않을 정도다. 하지만 도심에서 한참을 벗어난 이곳이, 차를 타고 근처에 내려서도 입구를 찾아 헤맸던 이곳이, 인천을 방문하면 반드시 들러야 할 곳 중 하나가 되었다. SNS가 없었다면 과연 이런 곳이 지금처럼 사랑받을 수 있었을까?

경상북도 영주에 있는 한 대장간에서 만든 호미가 세계적인 명품이 되었다. 느닷없이 지구 반대편 영국의 정원사들이 인증 영상을 올린 것이다. **아마존**에서는 국내의 몇 배나 되는 가격에도 폭발적인 인기를 끌고 있다. 이와 비슷한 구조의 농기구가 서양에는 없기 때문이다. 또한 비슷한 제품을 만들 수 있는 공장도 없다는 것이다. 영주의 대장간은 몰려드는 지원자들 덕분에 호미의 명맥을 이어갈 수 있게 되었다. 과연 인터넷이 없었다면 이런 놀라운 일이 가능하기나 했을까?

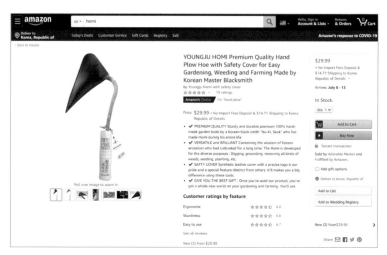

아마존에서 인기리에 판매되고 있는 영주호미　　　　　　　　　　　　(출처 : 아마존닷컴)

　'디지털'은 단순히 인터넷이나 SNS로 삶이 조금 편해졌다는 정도로 이해하고 넘어갈 수준의 단어가 아니다. 디지털의 등장으로 개인의 영향력은 무한대로 확대되었고, 이는 다시 개성과 취향의 다양성이 펼쳐지는 시대를 열어젖혔다. 다양한 디지털 채널이 없었다면 **조양방직**과 같은 교외의 장소는 핫플레이스가 될 수 없었을 것이다. 지극히 개인적인 취향일 수 있는 낡은 방직공장이 대중에게 알려질 일은 없었을 것이다. SNS를 단지 새로운 채널이나 소통의 도구로만 봐서는 안 되는 이유가 여기에 있다. SNS는 우리가 유행과 트렌드를 발견하고 발산하는 과정을 송두리째 바꾸고 있기 때문이다.

방직공장을 개조해 핫한 카페로 변신한 '조양방직'　　　　　　　　(출처 : 네이버 마켓플레이스)

　시대의 변화는 냉정하다. 적응하지 못하면 도태될 뿐이다. 전 세계 자동차 업체들이 잇달아 탈 내연기관을 선언하고 있다. 이제는 전기차나 수소차만 만들겠다는 것이다. 이에 앞으로 가장 큰 타격을 입는 업종은 카센터다. 10년 이내에 수많은 동네 카센터들이 사라질 것이다. 자동차 명장의 권위도 달라질 것이다. 매출 2위의 교육회사가 매각을 시도하고 있다고 한다. 수험생이 줄어들었기 때문이다. 지방의 대학들은 벚꽃 피는 시기의 순서대로 폐교할 거라고 한다.

　인구의 변화, 기술의 변화는 이처럼 마케팅과 브랜딩의 기본이 되는 욕망의 지도를 바꾸어 놓았다. 달라진 인간의 필요와 욕망을 좇아 브랜딩의 방법론도 달라져야 한다.

지혜로운 사람은 거인의 어깨에 올라 세상을 바라본다. 파도를 막아서지 않고 그 위에 올라타는 사람이다. 아직도 출신 대학을 따지는 인사 담당자가 있다면 그는 내연기관의 시대에 살고 있는 사람이다. 유튜브로 성공한 사람들 중에는 고졸 출신의 고소득자들이 셀 수 없이 많다. 좋은 대학이 나쁘다는 것이 아니다. 사람들이 성공을 정의하는 방식이 다양해졌다는 것이다. 예전은 TV에 잘 만든 CF만 반복해서 내보내도 팔리는 시대였다. 하지만 지금은 사람들이 TV를 보지 않는다. 운동장이 바뀌고 게임의 룰이 바뀐 것이다.

유행의 발화점을 찾아야 한다. 정보가 흐르는 물길을 찾아 읽어야 한다. 사람들이 무엇에 웃고 우는지 살펴봐야 한다. 그래서 우리는 오늘도 유튜브를, 다양한 커뮤니티를, 인터넷에 등장한 밈들의 흔적을 좇고 있다. 오늘은 어느 신입 여기자를 연기한 SNL 영상을 가족들에게 보여주었다. 다 함께 한바탕 크게 웃었다. 예전처럼 TV는 없지만 함께 공감하고 웃을 스토리는 세상에 넘쳐나고 있다. 달라진 세상의 사람들이 무엇에 흥미를 느끼고 열광하는지 찾기는 쉽지 않다. 흡사 사냥꾼이 호랑이의 발자국과 흔적을 찾아다니는 것과 닮았다. 한 가지 다행스러운 일은 많은 사람들이 여전히 이 작업을 즐기고 있다는 점이다.

진정한 브랜딩은 온갖 유행을 따라 부유하기보다 제 자리를 지키는 데서 시작되어야 한다고 믿는다. 한 문장을 써도 모든 근거를 확인해야 직성이 풀린다면 그런 글을 써야 한다. 그런 글을 원하고 좋아하는 고객들이 분명 있을 것이다. 하지만 짧고 간결하고 쉬운 글쓰기를 좋아하는 사람이라면 또 그렇게 살아야 한다. 옳고 그름이 아닌 '나다움'의 기준을 가진 사람이라면 누구든 브랜드가 될 수 있다고 믿는다.

―――

변화를 읽어야 한다. 하지만 동시에 변하지 않는 나의 가치를 지켜야 한다. 사람도, 제품도, 서비스도 그렇다. 온 세상이 디지털로 연결된 세상이라도 '섬'이라는 호텔의 본질은 달라지지 않는다. **에어**

우리집 같은 숙소를 제공하는 '에어비앤비'　　　　　　　(출처 : 인스타그램 @airbnb)

비앤비가 성공한 이유는 기술 때문이 아니다. 그 쉼을 단순한 육체적 휴식이 아니라 현지인들과의 '연결'이라는 방식으로 재해석했기 때문이다. 우리는 혼자 있을 때도 쉼을 느끼지만, 마음이 맞는 친구와의 수다를 통해 훨씬 더 큰 리프레시refresh(생기)를 경험하곤 한다. 이처럼 본질을 훼손하지 않고 시대의 변화에 맞게 재해석하는 것이 디지털 브랜딩의 핵심이다. 온라인 결제 없이도 동네 기반의 중고 거래 사이트를 완성한 **당근마켓**을 보라. 물물거래로 디지털 시대의 대표 주자가 될 줄 그들은 알았을까?

이번에 만나볼 **패스트파이브** 역시 디지털을 통해 공유오피스라는 비즈니스 모델을 전파한 일종의 연금술사다. 오프라인에 존재하는 오피스를 온라인으로 홍보하고 바이럴 마케팅을 하는데 능하다는 사실이 조금 아이러니하다는 생각을 지울 수 없다. 하지만 사람들은 이제 온·오프라인을 굳이 구분하지 않고 하나의 브랜드를 소비한다. 예를 들어 **패스트파이브**의 3가지 가치 중 하나인 사려 깊음 considerate을 살펴보자. 직접 오피스에서 일해보지 않으면 결코 경험할 수 없는 이러한 가치를 **패스트파이브**는 온라인을 통해 훌륭하게 전파하고 있다. 그래서 **위워크**라는 강력한 글로벌 브랜드를 제치고 국내 최고의 공유오피스 브랜드로 자리 잡을 수 있었던 것이다.

디지털이라는 도구를 놓치지 말자. 온라인으로 연결된 세상의 트렌드에 뒤처지지도 말자. 하지만 그 변화에 휩쓸려 나를 놓치지는 말자. '뭣이 중헌지'를 아는 지조 있는 삶을 살자. 그러려면 내가 어떤 사람인지를 정확하게 아는 것이 무엇보다도 중요하다. 본질을 지키면서도 이런 변화에 적응하는 방법은 얼마든지 있다. **버버리**는 디지털 시대에 가장 잘 적응한 명품 중 하나로 인정받는다. 반면 **에르메스**처럼 오프라인의 가치를 고수하는 브랜드들도 여전히 사랑받고 있다. 가장 중요한 것은 '나다움'이다. 이것을 지키는 브랜드는 지속 가능하거나 혹은 영원히 기억되고 사랑받을 수 있다.

FASTFIVE

패스트파이브

'메이드 인 코리아'의 자부심을 온라인으로 전이하라

Interviewed with

패스트파이브 마케팅그룹 홍새미 그룹장

Q. 2015년에 처음 사업을 시작했는데, 어떤 불편함(Pain Point)이 패스트파이브의 시작점이 되었을까요?

기존의 사무공간은 파티션이 있다거나 구획이 딱딱하게 나눠져 있었어요. 그리고 큰 회사나 대기업은 필요한 시설들이 모두 구비 되어 있지만, 규모가 조금 작은 경우는 탕비실을 회의실로 사용한다 거나 책상 바로 옆에 화장실이 있기도 했어요. 전화도 앉은 자리, 즉 그 공간 안에서 해야 하고요. 이렇게 일반적인 사무실은 사적인 공 간과 업무하는 공간, 또 공용으로 함께 사용하는 공간이 분리되지 않았어요.

하지만 효율적인 업무를 위해서는 온전히 내 업무에 집중할 수 있는 업무공간과 미팅룸처럼 모두 함께 쓰는 공용공간, 그리고 휴식 을 위한 개인공간을 분리할 필요가 있습니다. **패스트파이브**는 최상의 업무 효율을 이끌어낼 수 있는 공간을 제공하기 위해 만들어진 공유오피스 브랜드예요. **패스트파이브**의 모든 지점은 각각의 상황에 맞춰 이용할 수 있는 공간들이 모두 구비되어 있어요. 잡담을 하려면 라운지에 가면 되고, 음료를 마시고 싶으면 팬트리에 가면 되죠. 전화를 하려면 폰부스에 가면 되고요.

Q. 패스트파이브 하면 고객들이 무엇을 가장 먼저 떠올린다고 생각하세요? 말하자면 어떤 단어가 떠오를까요?

일단 저희 멤버*들은 '심플simple'이라는 단어를 가장 먼저 떠올릴 것 같습니다. 특히 이 심플은 우리가 가장 중요하게 추구하는 부분이기도 합니다. 기존에 비효율적이었던 공간과 서비스를 새롭게 대체하거나 통합하여 하나의 플랫폼으로 만들고, 플랫폼으로서 차별화된 고객 경험을 제시하는 것이 목표이거든요. 그래서 고객들이 **패스트파이브**에 오면 '이렇게 간단하다고?' '진짜 일 말고 신경 쓸 게 없네'라고 느낄 수 있는 거죠.

예를 들어 최근 진행된 TF 중 스마트 OA존office automation(사무자동화)을 구축하는 프로젝트가 있었습니다. 40개가 넘는 지점마다 복합기 모델도 다르고 로그인 방식도 달랐어요. 어떤 지점은 별도의 카드가 지급되고, 또 어떤 지점은 개인별 아이디와 패스워드가 지급되

---

* 패스트파이브는 고객을 '멤버'라고 부르고 있다. 비용을 지불한 대가로 서비스를 제공받는 일반적인 고객의 의미를 넘어, 하나의 소속감을 가지고 상호작용하는 구성원의 의미를 담고 있다.

어느 지점을 가도 편리하고 쉽게 모든 시설을 이용할 수 있는 패스트파이브　(출처 : 패스트파이브)

었죠. 그런데 이제는 멤버들이 **패스트파이브** 어느 지점에 가더라도 멤버십 카드 터치라는 동일한 방식으로 모든 복합기를 쓸 수 있도록 바꿨죠. 사용법도 매우 편리해요. 우리는 멤버들이 **패스트파이브**의 공간 어디서든 쉽고 편리하게 모든 시설을 이용할 수 있도록, 즉 **패스트파이브**에 대한 높은 기대수준을 유지하는 것이 목표예요. 멤버십 카드만 찍으면 알아서 인쇄되고, 스캔을 해도 알아서 자동으로 내 이메일로 들어가는 거죠.

이렇게 멤버들이 업무 외에는 아무것도 신경 쓸 필요 없는 공간을 차근차근 만들어가는 것, '일 외에 잡다한 건 저희가 모두 신경 쓰겠습니다' 이것이 우리가 추구하는 가치입니다.

Q. 6시가 되면 냉난방을 끄는 공유오피스도 있어요. 그런데 우리나라는 워낙 야근이 많다 보니 24시간 난방이 필요할 수도 있잖아요. 토종 브랜드로서 어떤 차별화를 추구하고 있는지 궁금합니다.

사실 처음에는 '토종'이라는 단어가 세련되지 못하다고 생각했어요. 힙한 브랜드가 되고 싶었거든요. 그런데 고객들을 실제로 만나보니 그들이 원하는 것은 단순히 '힙'한 공간이 아니었어요. 고객들이 업무공간에 기대하는 포인트가 따로 있었던 거죠. 물론 힙하고 화려한 인테리어를 원하는 고객도 있지만, 실제로 사무실을 쓰는 대부분의 고객들이 필요로 한 것은 다른 것이었습니다. 우리는 그 문제에 집중했고, 그렇게 해서 찾은 것이 바로 '로컬라이징localizing(현지화)'이었습니다. 토종이기에 가질 수 있는 장점을 그냥 받아들인 거죠. 그리고 나니 고객을 더 잘 이해할 수 있었습니다. 또 한국 고객들은 재미있는 특징이 있습니다. 열심히 사는 만큼 업무량도 다른 나라보다 더 많고, 국민 대부분이 IT 친화적이고 빨리빨리 문화답게 어떤 일이든 빠른 피드백을 원하죠. 이것이 우리가 '심플'을 추구하는 근본적인 이유이기도 했습니다.

Q. 상대적으로 위워크는 조금 도도하게 다가옵니다. 글로벌 회사라서 그런 걸까요?

위워크는 미국에서 출발한 기업이다 보니 일정 부분 그에 따른 가이드가 있을 겁니다. 공간도, 응대하는 직원도 우리나라보다는 미국 문화에 맞춰져 있어 그런 느낌이 드는 게 아닐까요? 각각의 브랜

드 이미지만 두고 보아도 장점이 다른 것 같아요. '도도하다'는 말과
는 반대로 '토종'이라고 하면 촌스러운 느낌이 있지만 뒤집어보면 한
국 사람을 가장 잘 이해한다는 의미로도 해석할 수 있잖아요. 로컬
라이징은 **위워크**와는 다른 **패스트파이브**만의 차별화 요소 중 하나
라는 생각이 듭니다. **패스트파이브**의 지점 수가 급격히 늘어난 것처
럼 성장의 배경에는 로컬라이징이 있다고 생각합니다.

Q. 패스트파이브의 주된 고객층은 누구인가요?

기존에는 20대 후반에서 40대 초반 남성들이 주요 타깃이었는데,
지금은 고객을 크게 세 부류로 나누고 있습니다. 의사결정자, 의사
결정에 중대한 영향을 미치는 실무자, 그리고 실제로 사용하는 직원
들입니다. 규모가 큰 기업일수록 의사결정자가 아니더라도 사무실
선택에 큰 영향을 미치는 사람들이 있습니다. 예를 들어 경영지원팀
이나 총무팀 실무자들이죠. 반면 작은 회사일수록 직원들의 목소리
가 대표에게 직접 전달됩니다. 바로 뒷자리에 대표가 앉아 있고 매
일 함께 밥을 먹는 회사에서는 직원들 하나하나의 의견이 대표의 결
정에 영향을 미치죠. 최종 의사결정자는 소수이지만 여기에 영향을
미치는 사용자는 굉장히 많습니다.

연령 측면에서는 상품별로 차이점이 나타납니다. 1인 라운지 멤
버십인 **파이브스팟**은 20~30대 비율이 높습니다. 연령대가 훨씬 낮
아지죠. 그 외에 건물주를 대상으로 건물 운영관리 솔루션을 제공
하는 **빌딩솔루션**이나 200평 이상의 대형 사무실 구축관리 서비스인

모버스는 40대 이상의 연령대가 대부분이고요. 지금은 '사무공간을 필요로 하는 사람'에서 더 나아가 '공간이 필요한 모든 사람'이 우리의 타깃이라고 할 수 있습니다.

Q. 이렇게 타깃을 구분하는 이유가 있을까요?

사무실은 일반적인 상품이라고 할 수 없습니다. 한 번 구매하면 최소 반년에서 길면 2년 이상도 이용하죠. 반면 한 번 이탈하면 다시 끌어들이기까지 굉장히 오랜 시간이 걸리고, 재획득도 굉장히 어려워요. 반복적으로 중복구매가 일어날 수 있는 상품도 아니고요. 또 최종 의사결정자의 범주도 매우 다양해 이들만 타깃으로 하기도 거의 불가능하고요. 그래서 세 부류로 나눠서 메시지를 전달하고 있습니다.

Q. 타깃별로 다른 메시지를 개발하는 건가요?

의사결정자들이 사무실을 구하는 포인트와 사무실을 직접 구하는 실무자들이 원하는 포인트, 그리고 일반 직원들이 만족하는 포인트는 각각 다를 수 있습니다. 타깃별로 원하는 포인트가 모두 다르기 때문에 각각에 맞는 메시지를 전달하기 위해 항상 조사하고 연구합니다.

Q. 패스트파이브가 고객들의 어떤 니즈를 가장 많이 채워준다고 생각하세요. 다른 공유오피스가 아닌 패스트파이브를 선택하는 데는

나름대로 고객들의 니즈가 있을 것 같습니다.

사업 단계별로 충족되는 니즈가 다르겠지만, 특히 사업 초기에 변동성이 높은 사업자들에게 **패스트파이브**만의 장점이 극대화될 것 같아요. 사업 초기의 스타트업들은 임차기간을 짧게 설정하여 계약합니다. 기본적으로 3개월, 정말 짧으면 1개월도 계약이 가능하니까요. 또 계약 연장도 1개월 단위로 할 수 있고요. 사업 초기에는 인원 증감이 잦은 편이에요. 사업이 갑자기 잘 안 될 수도 있잖아요. 반대로 갑자기 사업이 성장하는 곳은 매달 몇 명씩 채용하기도 해요. 이런 경우 **패스트파이브**에서는 다양한 옵션과 물량을 보유하고 있기 때문에 원하는 규모로 이동하기가 편리하고 보증금이나 위약금 문제가 적다 보니 대표님 입장에서는 마음 놓고 사업을 할 수가 있죠. 1인 기업이나 소규모 기업 등 유동적인 비즈니스 모델을 가지고 있는 회사들은 사업이 언제 커질지, 또 반대로 어느 날 갑자기 접어야 할지도 모르니까요. 그런 회사들이 상대적으로 많은 것 같습니다.

코로나 팬데믹 기간 중에는 대기업 고객들도 굉장히 많아졌어요. 이런 시기에는 아무래도 기업들이 공간에 대한 부담을 최소화하고 싶어 하거든요. 직원들 복지나 안전성을 고려해 분산근무를 시도한 결과가 아닐까 싶습니다. 만일 기업이 직접 분산 오피스를 구축한다면 구축에 걸리는 시간은 물론이거니와 모든 오피스 공간을 똑같은 수준의 시설이나 서비스로 유지하기가 무척 어렵거든요. 그렇기 때문에 공유오피스와 연계해서 사용하는 곳들이 계속 늘어나고 있습니다. 기존에는 창업 초기의 소규모 회사들이 많았다면 지금은 니즈가 점점 더 다양해지고 있는 거죠. 사무환경에 대한 기업들의 다양한 니즈에 맞춰 서비스를 제공하다 보니 **패스트파이브**는 팬데믹 이후 오히려 더 성장했습니다.

Q. 파이브스팟은 어떤 곳인가요?

파이브스팟은 1인 라운지 멤버십 서비스예요. 카페나 스터디 카페 같은 느낌이지만, 그보다 몰입도 높은 공간과 더 섬세하고 높은 수준의 서비스를 제공하고 있습니다. 일반 사무실처럼 따로 구획된 공간을 두는 대신, 개방감 있는 공간과 업무 특성에 따라 이용할 수 있는 다양한 존을 두었습니다. 작업이 편리하도록 모니터가 제공되는 모니터 좌석이나, 포커스 존, 크리에이티브 존, 코워킹룸, 미팅룸

1인 라운지 멤버십 서비스 '파이브스팟'   (출처 : 패스트파이브)

등 1인 멤버에 최적화된 공간을 통틀어 '스팟'이라고 부릅니다. '스팟'이라는 명칭은 내가 원할 때 언제든 원하는 위치의 라운지를 선택해 사용할 수 있도록 다양한 지역에 고루 분포한 '장소'라는 의미도 가지고 있죠.

패스트파이브의 1인실이 프라이빗하게 구획되어 있다면, **파이브스팟**은 멤버십 하나로 지점이나 좌석을 고정하지 않고 전국에 위치한 스팟을 자유롭게 이용할 수 있어요. 저희는 멤버들이 언제 어디서나 이용할 수 있도록 **파이브스팟**을 계속 늘려 편리함을 제공하려고 노력하고 있습니다.

Q. 모버스는 어떤 서비스인가요?

모버스는 이미 사무실이나 건물을 가지고 있는데, 공간만 **패스트파이브**처럼 꾸미고 싶거나, 직원들에게 제공하는 편의만 **패스트파이브**처럼 운영하고 싶은 분들을 위한 사무실 운영·관리·구축 솔루션입니다. 때로는 매물을 찾는 것부터 시작하기도 합니다. 또 인테리어가 완료된 사무실은 운영·관리 서비스만 받을 수도 있어요. 사무공간과 회사를 운영하는 데 필요한 청소, 소모품 관리, F&B 관리 등 원하는 서비스만 골라서 이용하는 '모버스 멤버십'이라는 상품이죠. 즉 사무공간을 만들고 유지하는 것에 있어 고객이 필요한 단계의 서비스만 선택해서 **모버스**라는 전문가에게 맡기는 솔루션이라고 생각하면 됩니다.

사무실 운영·관리·구축 솔루션 '모버스'   (출처 : 패스트파이브)

Q. 어떻게 보면 공간 컨설팅이네요. 사실 요즘 비즈니스는 결국 플랫폼 싸움이잖아요. 그런데 각각의 고객 니즈에 맞추기 위해 좀 더 다양한 서비스가 필요할 것 같아요.

회사 내부의 팀도 굉장히 세분화되어 있어요. 공간을 디자인하거나 구축하는 팀도 있고, 고객 응대를 담당하는 팀, 고객 경험만 담당하는 팀도 있고요. **패스트파이브**가 다른 공유오피스와 차별화되는 부분은 바로 전문 인력과 팀이 내부에 구축되어 있어 필요한 모든 것을 저희가 직접 빠르게 해결할 수 있다는 점입니다.

물리적인 측면 외에도 멤버들의 비즈니스를 서포트할 수 있도록 커뮤니티 매니저들은 데일리로 정보를 공유하고, 내부적인 교육도 정기적으로 진행하고 있습니다. 많은 멤버들이 요청하는 내용들이 모두 가이드화되어 관리되고 있고요. 예를 들어 **패스트파이브**에 어떤 멤버들이 입주해 있는지를 알고 이들을 비즈니스적으로 매칭하는 서비스도 있습니다. 코로나 이후에는 비즈니스 전문 지식과 멘토링 등 업무와 직접적으로 관련된 인사이트를 얻을 수 있는 웨비나를 적극적으로 진행하고 있죠. 멤버들의 반응도 뜨겁습니다.

우리는 단순히 깨끗하고 편리한 공간을 제공하는 것을 넘어 멤버들이 업무 외에는 어떤 스트레스도 받지 않도록 모든 것을 세팅하고 있어요. F&B도 맥주가 아닌 다른 음료, 이왕이면 많이 마셔도 부담없고 건강한 콤부차를 제공합니다. 카페인을 싫어하는 사람들을 위해 디카페인 티도 제공하고 있고요. 코로나 시기에는 빠르게 전담대응팀을 구축해 데일리 방역과 전문 방역을 실시해 왔습니다.

Q. 이렇게 성장하는 동안 특별한 어려움은 없었나요?

해마다 거의 두 배씩 성장하다 보니 늘 새로운 도전의 연속이긴 합니다. 한 달 안에 3개 지점을 오픈해야 하는 경우도 있었죠. 이런 때에는 더 빠르게, 더 전략적으로 마케팅을 하는 게 결국 해답이 되었던 것 같아요. 여기서 얻은 노하우들은 꼼꼼히 기록해 프로세스화시키고요.

코로나로 인해 공유오피스 업계 자체가 흔들렸던 위기도 있었는데 저희는 '그럼 지금 고객이 걱정하는 것과 필요한 것은 무엇일까?' '우리만 제공할 수 있는 가치는 어떤 것이 있을까?'에 집중하여 빠르게 대응책을 내놨죠. 업계에서 가장 먼저 비대면 투어를 도입했고, 방역체계를 시스템화해서 일반 사무실보다 훨씬 안전한 체계를 구축하고 이를 홍보했습니다. 항상 크고 작은 위기에 최대한 꼼꼼히 하나하나 대응하려고 노력하고 있습니다.

Q. 브랜딩과 마케팅 관련 아이디어는 주로 어디서 얻나요?

사소한 아이디어는 주로 일상에서 얻고 있어요. 인스타그램 계정을 3개 만들어 각각 다른 알고리즘을 걸어놓고 있습니다. 광고 스크랩은 기본이고요. 카카오톡을 열 때마다 가장 먼저 하는 것이 배너 광고 캡처예요. 그러다 보니 하루에도 수십 번 캡처를 하죠. 상대적으로 공유오피스 업계의 광고는 업계 동향을 팔로업하는 정도로 확인하고 있어요. 같은 업계보다는 주로 각 분야의 최고를 통해 학습하려고 합니다. **삼성전자, 애플, 다이슨**과 같은 대기업부터 **채널톡**이나 **플렉스** 같은 스타트업, 또 사회적 기업이나 병·의원 등 장르를 가리지 않고 **패스트파이브**가 취할 만한 것이 있는지 살펴보죠. 그래야 우리가 업계 1위를 계속 유지할 수 있다고 생각합니다.

Q. 마케팅이나 브랜딩 사례 중 기억에 남는 것이 있나요?

일관된 메시지를 잘 전달하는 브랜드로 **플렉스**가 있습니다. 어떤 광고를 봐도 '플렉스구나'라고 느껴지고 자칫 설명하기에 복잡한 상품일 수 있는데 메시지가 간결하다고 생각하거든요. 규모가 작은 조직이라고 들었는데, 그런 것들이 가능하다는 게 대단할 뿐입니다. 그리고 상품을 계속 고도화하면서 광고도 계속 진화하더군요.

Q. 이제 국내에서는 패스트팔로워(fast follower)에서 퍼스트무버(first mover)가 되었습니다. 적어도 이것만큼은 우리가 제일 낫다고 생각하는 부분이 있나요?

저희는 'Considerate' 'Creative' 'Courageous' 이 3가지 키워드를 가장 중요하게 여깁니다.

첫째는 '사려 깊음'Considerate 입니다. 멤버들을 사려 깊게 살핀다는 거예요. 멤버들이 편하게 일에만 집중하게 하려면 뭘 해야 하는지가 모든 팀의 가장 큰 화두입니다. 실제로 이 어젠다와 관련하여 수많은 TF가 만들어졌고, 2022년에는 MXC*도 생겼어요. 멤버들은 이미 익숙하게 적응하고 있지만 여전히 불편한 것들을 근본적으로 해결하기 위해 경영진들까지 참여하는 위원회입니다. 사실 고객 지향적인 모든 활동은 비용과 상충되는 부분이 많습니다. 공간을 리뉴얼한다거나 서비스를 업그레이드하는 모든 활동에는 투자가 필요하거든

* MXC(Member Experience Committee)란 패스트파이브를 이용하는 멤버들의 경험을 증진하기 위한 '멤버 경험 증진위원회'를 말한다. 멤버들이 느꼈던 크고 작은 불편함을 개선하기 위해 경영진을 포함한 지원 조직과 현장이 참여하여 멤버 만족도를 개선하기 위한 다양한 프로젝트를 진행하고 있다.

요. 하지만 이런 문제들은 막대한 비용을 감수하고라도 근본적으로 해결해야만 고객 경험을 완전히 새로운 수준으로 혁신할 수 있기에 현 수준보다 더 과감하게 투자할 수 있도록 MXC를 만든 겁니다. 이번 분기에도 '편리함' '유연화' '아름다움'이라는 3가지 주제로 세부 과제들이 도출되어 한창 진행 중입니다.

두 번째는 '창의적인'Creative입니다. 그동안 아무도 하지 않았던 새로운 시도를 통해 효율적으로 고객 경영을 하는 것입니다.

세 번째는 '용기'Courageous입니다. 이미 시장에서 하고 있는 것들을 무비판적으로 수용하지 않고 빠르게 깨부수는 것입니다.

이 3가지 키워드에 집중했을 때 지속적인 발전을 할 수 있다고 생각합니다.

Q. 한마디로 3C가 패스트파이브의 브랜드 아이덴티티인 셈이네요.

그렇습니다. 좋은 것을 빠르게, 고객 지향적으로 실행하는 거죠. 그래서 변화가 굉장히 빠릅니다. 홈페이지도 자주 업데이트되고요. 우리가 항상 추구하는 것이 있어요. 작년에 이용한 고객과 3년 전에 이용한 고객, 5년 전에 이용한 고객이 똑같은 서비스를 받고 있으면 안 된다는 것입니다. 3C를 바탕으로 좀 더 발전된 공간과 서비스를 만들고 있다고 생각합니다.

현재 1등인 **패스트파이브**가 꾸준히 발전하면 앞으로도 공유오피스 업계 1위 자리를 계속 유지할 수 있을 겁니다. 이제는 MXC를 발판 삼아 몇 달 전에 이용한 멤버들도 '아니 또 좋아졌어?'라고 생각하는 공간을 만들고 싶어요.

Q. 지금이 굉장히 중요한 시기라는 생각이 듭니다. 그러다 보면 새로운 인력 수급도 많아질 것이고요. 가장 중요하게 여기는 인재상이 있을까요?

패스트파이브는 항상 진정성 있는 사람을 찾고 있습니다. **패스트파이브**에서 정말 일하고 싶고, **패스트파이브**가 제공하는 가치에 공감할 수 있는 사람들 말이에요. 스타트업이라 업무가 자율적이에요. 더불어 권한과 책임도 크기 때문에 본인이 맡은 부분에서 성과를 만들 수 있는 주도적인 사람이 필요합니다.

Q. 내부 교육은 어떻게 하고 있나요?

회사의 목표나 방향성이 주기적으로 업데이트되기 때문에 그런 것들을 빠르게 싱크업하려고 합니다. 한 달에 한 번씩 전 직원이 참석하는 정기 미팅이 있습니다. 원래 매주 오프라인에서 열었는데, 임직원이 300명을 넘어서고 코로나 이슈도 있다 보니 지금은 매월 웨비나로 모여 라이브로 질의응답을 하고 있습니다. 코로나 팬데믹이 어느 정도 종식되는 시점에 맞춰 사내 컬처팀에서 새로운 세션들로 더 효과적으로 소통할 수 있는 방법을 찾고 있어요.

Q. 홍보나 마케팅은 어떻게 하고 있나요?

디지털 마케팅에 초점을 두고 있습니다. 디지털 매체는 페이스북과 인스타그램, 구글 애즈가 기본이고요. 그 외에도 새로운 상품들을 항상 테스트합니다. 카카오모먼트 같은 새로 나온 서비스도 이용해 보고요. 디지털 마케팅 포트폴리오를 다양화하기 위해 여러 매체를 정기적으로 테스트하고 있습니다. 이 과정에서 살아남은 매체들을 계속 이용하고 있습니다.

하지만 우리 상품 중 **빌딩솔루션**이나 **모버스**는 타깃 특성 때문에 디지털 마케팅에만 국한하지 않습니다. 그래서 해당 타깃이 좋아할 만한 인플루언서와 협업하거나, 오프라인 세미나, 잡지 광고를 함께 진행하고 있습니다.

Q. 라이프온투게더는 주거 서비스인가요?

더 자세히 말하자면 프리미엄 공유 주거 서비스라고 할 수 있습니다. **라이프온투게더**는 월 임대료가 130~150만 원으로 저렴한 편은 아닙니다. 하지만 프리미엄 주거 서비스라는 타이틀에 걸맞게 개인적인 라이프 스타일을 즐기는 MZ세대를 겨냥해 주거공간 이상의 혜택을 제공하고 있습니다. 루프탑, 라운지, 무인 편의점 등 공용공간으로 쓸 수 있는 편리한 시설들이 포함되어 있죠. 입주자들을 위한 커뮤니티도 있고요. 많은 분들의 성원으로 현재는 공실이 거의 없는 상태입니다.

프리미엄 주거 서비스 '라이프온투게더'　　　　　　　　　　(출처 : 패스트파이브)

Q. 라이프온투게더의 가장 큰 차별점은 무엇인가요?

인테리어부터 기존 오피스텔과 다르고, 조식이나 하우스키핑 서비스를 추가로 선택할 수 있습니다. 또 하나는 비슷한 사람들이 그 공간을 사용한다는 일종의 기분 좋은 소속감입니다. 회사원들도 있고, 전문직이라든지 스타트업 대표, 인플루언서들도 많은 편이에요. 그 안에서 마주치는 사람들과 소통하며 때로는 시너지를 낼 수도 있다는 점이 중요한 차별점이라고 생각합니다.

〈패스트파이브〉 브랜딩 프로세스

1 | 브랜드 컨셉휠

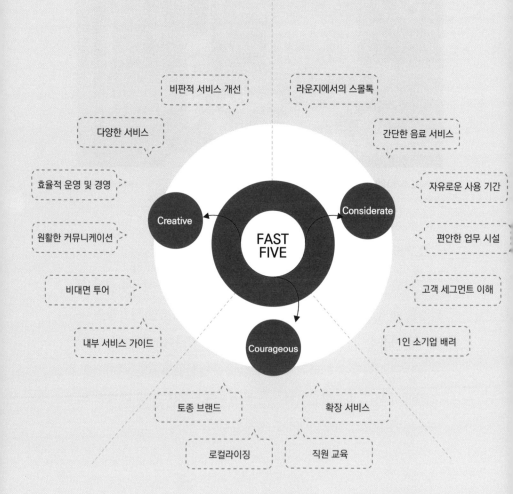

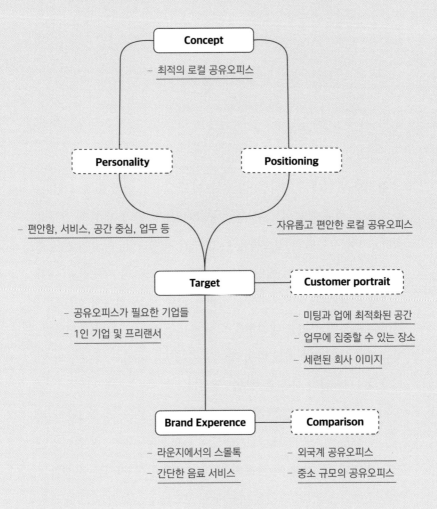

Concept

- 최적의 로컬 공유오피스

Personality

Positioning

- 편안함, 서비스, 공간 중심, 업무 등

- 자유롭고 편안한 로컬 공유오피스

Target

Customer portrait

- 공유오피스가 필요한 기업들
- 1인 기업 및 프리랜서

- 미팅과 업에 최적화된 공간
- 업무에 집중할 수 있는 장소
- 세련된 회사 이미지

Brand Experence

Comparison

- 라운지에서의 스몰톡
- 간단한 음료 서비스

- 외국계 공유오피스
- 중소 규모의 공유오피스

지니엄 더 레스트

경기도 용인에는 **지니엄**이란 이름의 조그마한 카페가 하나 있다. 누가 봐도 선량해 보이는 부부와 아르바이트생 한 명이 함께 일하고 있다. 이곳은 특별히 입소문을 탄 쿠키가 유명하다. 이들이 운영하는 인스타그램을 보면 매일매일에 감사하는 그들의 따뜻한 마음이 그대로 전해진다. 커피와 쿠키, 직원과 손님 사진, 심지어 한결같이 자리를 지키며 커피를 내려주는 머신에 대한 애정도 듬뿍 묻어난다. 자극적인 사진이나 멘트 따윈 찾아볼 수 없다. 마치 가게 주인의 일기장 혹은 한 편의 시를 훔쳐보는 듯하다.

하지만 누구나 그렇듯 시작은 쉽지 않았다. 문을 연 지 2년이 지나도록 하루 매출 만 원을 하던 날들이 허다했고, 겨우 7천 원이었던 적도 있었다. 하지만 이 카페의 주인은 변함없이 지켜온 자신과의 약속이 하나 있었다. 그것은 카페에 들어오는 손님들과 반드시 눈인사를 나누는 것이었다. 카페를 나가는 손님에게도 반드시 '좋은 하

동네 카페를 한다면 이들처럼, 지니엄 더 레스트　　　　　　　　　(출처 : 지니엄)

루 보내세요'라는 인사를 건넸다. 이것은 순전히 가게 주인의 개인
적인 경험에서 나온 것이었다. 주인의 인사를 받고 돌아섰을 때 시
선이 이미 다른 곳을 향해 있어 당황했던 적이 많았기 때문이다.

　카페 주인의 아내가 정성스럽게 구운 쿠키가 입소문을 타고 사랑
받기 시작했다. 그럴수록 카페 주인은 좁은 창고에서 쿠키를 굽는
아내가 내내 마음에 걸려 오랜 고민 끝에 홀을 줄이고 홀 안에 쿠키
를 굽는 작업장을 만들었다. 만드는 사람이 행복해야 가게도 잘될
거라는 믿음 때문이었다. 여전히 매출은 낮았지만 주 5일 근무를 지
켰다. 이것 또한 같은 이유 때문이다.

　그러다 매출이 늘어 처음으로 아르바이트생을 뽑았다. 카페 주인
은 2주에 걸쳐 다양한 질문이 빼곡히 적힌 여러 장의 입사지원서를
만들었다. 자신들과 같은 생각을 공유할 수 있는 사람과 함께 일하

고 싶었기 때문이다. 우려에도 불구하고 인스타그램에 올린 입사지원서는 폭발적인 인기를 끌었고, 그렇게 자신들을 닮은 첫 번째 아르바이트생을 뽑았다.

3주년이 되던 해에는 '사랑의 매'라는 이벤트를 실시하며, 손님들에게 장점과 단점을 써달라고 부탁했다. 그런데 '단점이 없는 게 단점'이라는 피드백이 돌아왔다. 그리고 가장 많은 요구 중 하나가 '말차 쿠키'를 만들어 달라는 것이었다. 그런데 카페 주인과 아내는 한사코 그 요구를 무시했다. 왜냐하면 그들 자신이 말차 쿠키를 좋아하지 않았기 때문이다. 그러나 손님들의 요구를 끝내 무시할 수 없었고, 결국 억지로 만든 말차 쿠키는 폭발적인 인기를 끌었다. 이 이벤트는 열흘에서 하루를 채 채우지 못하고 9일 만에 끝났다. 개점 이후 최고의 매출을 올렸지만 주인들 자신이 행복하지 않았기 때문이었다.

이 카페 주인은 매달 한 번씩 이러한 자신들의 이야기를 유튜브에 올렸다. 조회 수는 많지 않지만 영상에는 유명 유튜버 못지않은 정성이 들어가 있다. 그들의 단골 중 한 사람이 10분짜리 영상을 위해 10시간의 정성을 쏟았기 때문이다. 이 카페의 정식 이름은 **지니엄, 더 레스트**The Rest이다. 커피와 쿠키를 통해 사람들에게 진정한 휴식을 제공하는 것이 카페를 여는 목적이다. 이런 휴식을 선물하기 위해 카페 주인 스스로가 행복해야 한다는 약속을 고집스럽게 지키고 있다. 사람들은 이들의 진심을 읽었고, 4년이 지난 지금까지 변함없이 많은 단골들의 사랑을 받으며 '지속 가능한' 영업을 하고 있다.

지니엄의 1년을 담은 '월간 지니엄' 유튜브 채널　　　　　　(출처 : 유튜브 지니엄 the Rest)

　　평범한 카페를 오픈하고 싶다면 창업 전문가를 찾을 것이다. 하지만 5년이 지나도 사랑받는 카페를 만들고 싶다면 **지니엄**을 찾아가 보자. 여전히 그 가게 주인이 손님들과 눈인사를 주고받는지 지켜보고, 저녁 6시면 카페 문을 닫고 지금도 주 5일 근무를 지키고 있는지 알아보자. 카페 주인과 아내, 아르바이트생이 운영하는 인스타그램을 찾아 그들이 단골들과 어떻게 소통하는지 살펴보자. 유튜브를 통해 그들의 진심을 확인해 보자. **지니엄**의 온라인 채널을 보면 그들의 진심을 전하는 모습이 오프라인 매장의 실제 모습과 크게 달라 보이지 않는다. 이질감이 없다. 어쩌면 이것이 모든 브랜드가 궁극적으로 바라는 온라인 브랜딩의 정점이 아닐까?

부록

Branding Step with
RED PENGUIN

지금까지 우리는 8가지의 다양한 브랜드 사례를 통해 모두 10개의 단계로 나눠져 있는 브랜딩 프로세스를 공부해 보았다. 그렇다면 이런 지식을 바탕으로 이제 우리의 브랜드를 분석해 보자. 가치 키워드의 도출을 시작으로 브랜드 컨셉휠은 물론 가치 제안 캔버스와 브랜드 포트폴리오, 브랜드 캔버스를 차례대로 그려보자. 막연하게만 느껴졌던 여러분의 브랜드를 균형 잡힌 시각으로 바라볼 수 있게 될 것이다. 그리고 정기적인 브랜딩 진단을 통해 우리 브랜드가 초심을 잃지 않고 브랜드의 가치를 지켜가고 있는지를 가늠할 수 있게 된다. 어려워 말고 단계를 따라 설명을 참고하여 우리 브랜드만의 매뉴얼을 만들어 보자. 그리고 브랜드의 구성원과 이해관계자들에게 시각화한 후 배포해 보자. 여러분의 브랜드가 한결 단단해질 것이라 확신한다.

 QR코드를 찍으면 Branding Step 파일을 받으실 수 있습니다.

1) 가치 키워드 도출

브랜딩을 위한 첫 단계는 소스를 모으는 일이다. 그중에서도 가장 중요한 일은 브랜드 아이덴티티를 찾는 일이다. 이 방법에 왕도는 없다. 가장 효과적인 방법은 '나의 브랜드'를 생각하면 떠오르는 단어들을 일단 적어보는 것이다. 이때 회사 내부는 물론이고 이해관계자와 고객의 의견을 함께 적어보는 것이 좋다. 이것이 브랜드의 핵심 아이덴티티를 찾아가는 첫 관문이다.

Q. 여러분의 브랜드를 생각하면 어떤 이미지 혹은 단어가 떠오르시나요?
할리 데이비슨을 생각하면 '자유'가 떠오르고, 몽블랑을 떠올리면 '명예'가 생각나듯 자신의 브랜드를 떠올렸을 때 생각나는 이미지나 단어들을 여기에 적어보세요. 반드시 명사로 표현하지 않아도 됩니다.
'따뜻한' '상쾌한'과 같은 형용사로 적어도 좋습니다
최소 10개의 단어를 써보세요

2) 브랜드 컨셉휠

구슬이 서 말이라도 꿰어야 보배인 법이다. 다양한 경로로 수집한 키워드들을 세 개의
대표적인 키워드로 정리해 보자. 모름지기 일을 잘하는 사람들은 범주화, 이른바 카테고
라이징에 능하다고 한다. 비슷한 단어들끼리 세 개의 영역으로 나눠 정리해 본다. 이때
는 포스트잇을 활용해 작업하는 것이 효과적이다. 단어를 바라보는 시각에 따라 어떤 키
워드로 묶어야 할지가 매번 달라지기 때문이다.

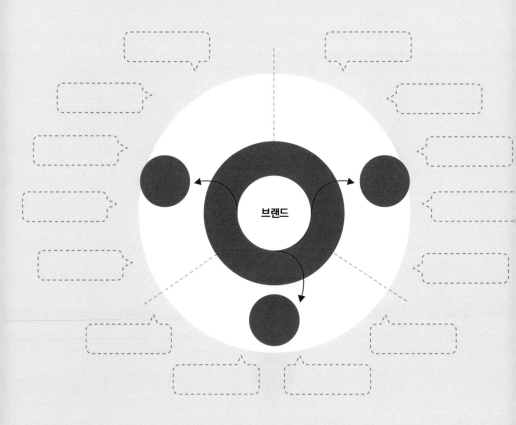

3) 핵심 키워드 도출

이렇게 세 개의 키워드로 범주화했다면 대표 키워드를 직접 정의 내려본다. 이때 사전적인 의미도 참고해야겠지만 각각의 브랜드에서 통용되는 의미를 창의적으로 적어보는 것이 좋다. 예를 들어 같은 '소통'이라도 발표를 통해 의견을 전달하는 '소통'과 자유롭게 어울리는 회식 자리의 '소통'은 다른 법이다. 회사를 대표하는 키워드이니만큼 오랜 고민을 통해 이 정의를 차츰 완성해 가는 것이 좋다.

Q. 최종적으로 선택된 3개의 단어를 아래에 다시 적어보세요.
그리고 단어에 대한 사전적 정의가 아닌 여러분의 브랜드가 추구하고자 하는 단어의 의미가 무엇인지 직접 정의해 보세요.
최종적으로 선택한 3개의 단어가 마음에 들지 않는다면 수정할 수도 있습니다.

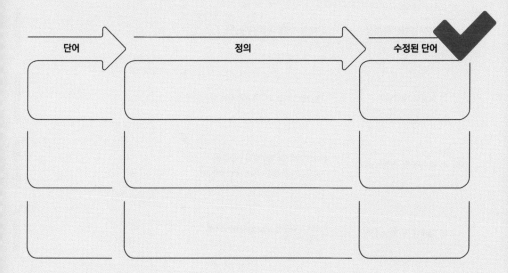

단어 · 정의 · 수정된 단어

4) 업의 재정의

브랜딩은 차별화다. 그리고 차별화는 '업의 본질'을 재정의할 때 대체불가한 브랜드 파워를 만들어 낼 수 있다. 예를 들어 일본의 소형 가전 브랜드 발뮤다는 선풍기를 '기분 좋은 바람'으로 재정의했다. 단순한 선풍기가 아니라 오래 쐬어도 머리가 아프지 않은 자연의 바람으로 정의한 것이다. 그다음 고객의 경험상 문제점과 해결방안, 그리고 네이밍과 스토리, 마케팅과 홍보 전략을 세워야 한다. 하지만 대부분의 회사들은 이와는 반대 방향으로 브랜딩을 하곤 한다.

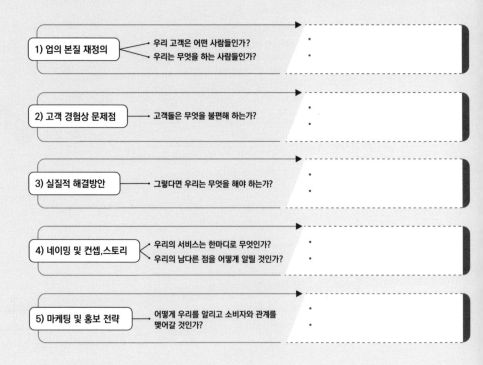

1) 업의 본질 재정의 — 우리 고객은 어떤 사람들인가?
우리는 무엇을 하는 사람들인가?

2) 고객 경험상 문제점 — 고객들은 무엇을 불편해 하는가?

3) 실질적 해결방안 — 그렇다면 우리는 무엇을 해야 하는가?

4) 네이밍 및 컨셉,스토리 — 우리의 서비스는 한마디로 무엇인가?
우리의 남다른 점을 어떻게 알릴 것인가?

5) 마케팅 및 홍보 전략 — 어떻게 우리를 알리고 소비자와 관계를 맺어갈 것인가?

5) 컨셉 도출 프로세스

컨셉 역시 업의 본질과 비슷한 방식으로 추출할 수 있다. 우리의 고객은 누구인지, 고객들이 가진 문제점은 무엇인지, 그래서 우리 브랜드는 어떤 해결책을 줄 수 있는지를 선명하게 정리할 수 있어야 한다. 그리고 그 차별화된 해법을 직간접적으로 표현할 수 있는 '컨셉'을 찾아야 한다. 예를 들어 이니스프리는 '제주', 풀무원은 '자연을 담는 그릇', 볼보는 '안전' 등으로 표현하는 것이 바로 '컨셉'이다.

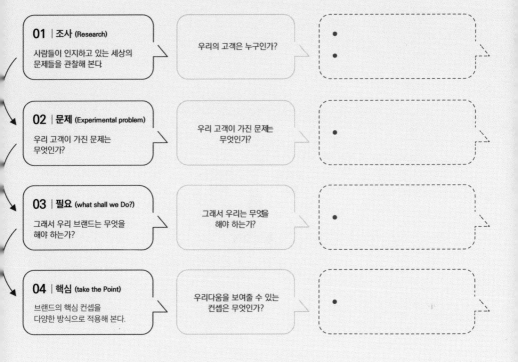

01 | 조사 (Research)
사람들이 인지하고 있는 세상의 문제들을 관찰해 본다

우리의 고객은 누구인가?

02 | 문제 (Experimental problem)
우리 고객이 가진 문제는 무엇인가?

우리 고객이 가진 문제는 무엇인가?

03 | 필요 (what shall we Do?)
그래서 우리 브랜드는 무엇을 해야 하는가?

그래서 우리는 무엇을 해야 하는가?

04 | 핵심 (take the Point)
브랜드의 핵심 컨셉을 다양한 방식으로 적용해 본다.

우리다움을 보여줄 수 있는 컨셉은 무엇인가?

6) 가치 제안 캔버스(1)

모든 비즈니스의 기본은 '고객'이 중심이 되어야 한다. 고객의 필요를 채워주고 고객의 문제를 해결해 주는 것이 비즈니스의 거의 모든 것이기 때문이다. 브랜딩 역시 이런 비즈니스를 위한 활동이라고 보았을 때 우리가 고객에 관심을 가지고 연구하는 것은 어쩌면 당연한 일인지 모른다. 그러나 많은 사람들이 소비자가 아닌, 제품을 만들거나 서비스를 제공하는 사업자의 입장에서 브랜딩을 고민한다. 그런 우리를 다시 고객으로 인도하는 것이 바로 '가치 제안 캔버스'이다.

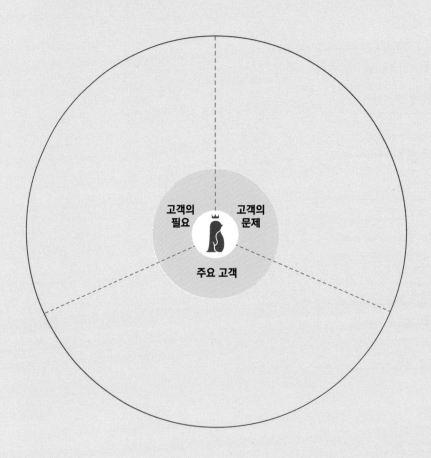

7) 가치 제안 캔버스(2)

일단 고객의 필요와 문제에 눈을 떴다면 이제 그 해답을 제공할 차례다. 고객의 필요를 인지했다면 이제 소비자에게 제공될 '혜택'에 집중해야 한다. 그리고 그 혜택은 '경험'의 형태로 제공되어야 한다. 단순히 제품과 서비스를 제공하는 시대는 이미 지났다. 그것을 차별화된 경험으로 제공하는 것이 우리가 이 책을 통해 그토록 고민하는 '브랜딩'이다.

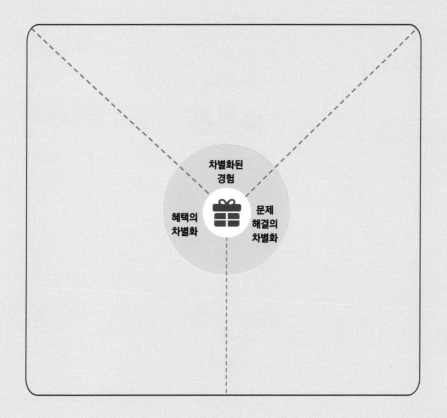

8) 가치 제안 캔버스(3)

우리는 앞의 도구들을 통해 가치 제안 캔버스의 2가지 용도를 배웠다. 그 도구들이 익숙
해졌다면 이제 그 2가지를 연결할 수 있어야 한다. 특정한 제품과 서비스의 브랜딩을 고
민한다면 이 2가지의 도구가 바로 머릿속에 떠올라야 한다. 고객의 필요와 혜택, 고객의
문제와 해결방법, 그리고 이것들을 어떻게 하면 차별화된 경험으로 제공할 수 있을지 고
민해야 한다. 도구는 그저 도구일 뿐이다. 그 도구를 어떻게 활용할지는 전적으로 브랜
더의 역량에 달려있다.

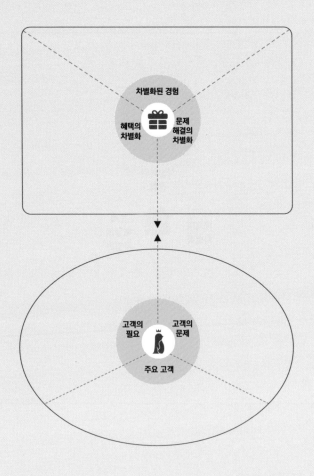

9) 가치 제안 캔버스(4)

브랜딩의 본질은 자신이 가진 '가치'를 타인(소비자)에게 전달하는 것이다. 이 가치는 고객, 고객의 불편요소(Pain Point), 기존 대안 등에 대한 면밀한 연구와 조사에서 나온다. 이 세 가지를 면밀하게 관찰하고 정리한 후 이를 바탕으로 '차별화 요소'를 정리할 수 있어야 한다. 만일 이 과정을 통해 차별화된 경쟁력을 4가지 이상 도출할 수 없다면 그 사업은 멈추어야 한다. 차별화되지 않은 제품과 서비스는 시장에 발을 붙일 수 없기 때문이다.

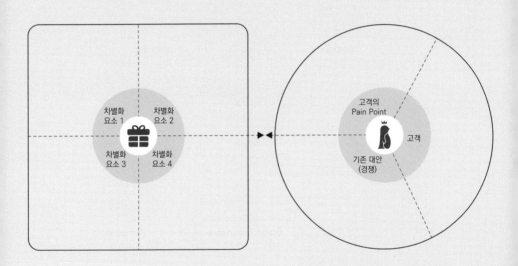

10) 브랜드 포트폴리오

지금까지의 과정을 통해 브랜드 아이덴티티와 컨셉을 도출했다면 최종적으로 브랜드 포트폴리오를 정리해야 한다. 기존에 도출된 컨셉, 타깃(고객층) 등에 더해 브랜드의 개성이라고도 할 수 있는 퍼스낼러티와 시장에서의 위치를 의미하는 포지셔닝 작업을 해야한다. 그리고 이러한 브랜드의 차별화 요소를 '경험'할 수 있는 장치를 만들어야 한다.

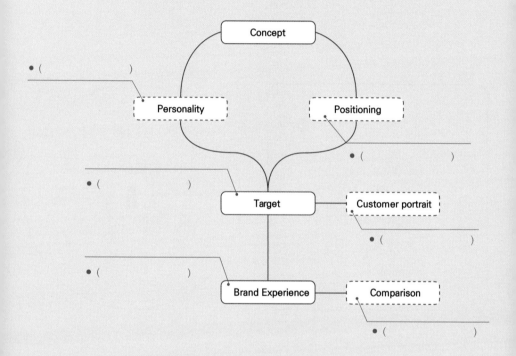

참고자료

비건 패션 '낫아워스' 박진영 & 신하나 대표, 여성동아, 2021.03.02,
https://bit.ly/3ObmY4g

동물 가죽 사용 않고 패션 가방 만든 사연, 서울경제, 2018.03.27,
https://bit.ly/3ycDFXv

"육식 끊기 어려우면 '입는 채식' 먼저 실천해 보세요", 한국일보, 2018.08.10,
https://bit.ly/3OOvXZ9

카페 진정성이 노키즈존 안 하는 이유, 오마이뉴스, 2021.06.22, https://bit.ly/3nVjQ0P

천천히 덖고 갈고 마시고… '진정성' 듬뿍 담긴 카페, 매일경제, 2020.07.16,
https://bit.ly/3OO8O4Q

《문장 수집 생활(밑줄 긋는 카피라이터의 일상적 글쓰기)》, 이유미 저, 21세기북스, 2018년

《어니스트 티의 기적(코카콜라가 감동한)》, 세스 골드먼, 배리 네일버프 공저, 이유영 역, 최성
윤 그림, 부키, 2014년

"돼지고기 마니아, '초신선 푸드테크' 시스템을 만들다" 정육각 김재연 대표, 서울경제,
2020.05.16, https://bit.ly/3yZhrlX

코니 제작노트, 코니 공식 웹사이트, https://bit.ly/3aDuiqy

일제 명품 분필 '하고로모' 인수, 한국서 생산한 학원강사 스토리, 비즈한국, 2019.05.16,
https://bit.ly/3nSQyQm

개인이 상도동에 세운 호텔이 전 세계 TOP100에 선정? 핸드픽트 호텔 편, 퍼블리,
2021.07, https://bit.ly/3PgSJsl

명태알로 연 80억 버는 남자…"맛있게 먹는 비법요?", 조선닷컴, 2021.06.07,
https://bit.ly/3atPVtp

The Value Proposition Canvas (copyright : Strategyzer AG), The makers of
Business Model Generation and Strategyzer

더 나은 브랜드를 만들어 가는 마케터들의 이야기

브랜드 마케터로 일하고 있습니다

초판 1쇄 발행 2022년 8월 10일
초판 3쇄 발행 2023년 11월 20일

지은이 · 레드펭귄
펴낸이 · 백광옥
펴낸곳 · (주)천그루숲
등 록 · 2016년 8월 24일 제2016-000049호

주소 · (06990) 서울시 동작구 동작대로29길 119
전화 · 0507-0177-7438 **팩스** · 050-4022-0784 **카카오톡** · 천그루숲
이메일 · ilove784@gmail.com

기획 / 마케팅 · 백지수
인쇄 · 예림인쇄 **제책** · 예림바인딩

ISBN 979-11-92227-81-8 (13320) 종이책
ISBN 979-11-92227-82-5 (15320) 전자책